JN327079

ピエール・ブツダン
又の名を 深見東州

恋はこんなに素敵なもの パリ・コレクション

たちばな出版

本書は、『パリ・コレクション』（平成七年六月に弊社より刊行）を改訂した『こんな恋愛論もある』（平成十二年六月に弊社より刊行）を一部改訂し、あらたに『パリ・コレクション』として発行したものです。

はじめに

読者のみなさんには、初めてのごあいさつになるが、私のことは仮に、超能力者で面白いフランス人のピエール・ブッダンと憶えておいてもらえたら嬉しい。

今回私は、この本に、恋愛と結婚についてのいろいろなノウハウ、テクニックを盛り込んだ。日本の若い男女がどんな感じか研究した結果、おせっかい者の私としては、黙っているわけにはいかなくなって本書を書き始めてしまったのだ。

ところで以前、私の尊敬する恩師、植松愛子先生がフランスにいかれた。先生がおっしゃるには、パリに滞在している間、二十四時間ずっと、頭の中を映画「男と女」のテーマ曲が流れていたそうだ。もう四十年以上前のクロード・ルルーシュ監督のあれだ。それで先生は、パリ、フランスという土地の人間は、古今を問わず恋と愛とに明け暮れた国だというご神示として受けられ、古いおつき合いをいただいているこの私に、こういう本を書くように言われたのだ。

私は、フランス人が愛と恋だけで生きているとは思わないが、おそらく日本人がフランス人よりも淡泊な男女関係で満足しているらしい、ということぐらいは理解している。お米と味噌汁、白身のお刺身の文化と、ステーキ、ポタージュ、チーズの文化の違いぐらいはわかるつもりだ。どちらも良いところがあると思う。だから私は、日本人がフランス人のようにふるまわなければならない、などと押しつける気はない。けれども、植松先生は、私にパリの男女の恋愛結婚観を是非日本の老若男女に紹介したいとおっしゃるので、私はフランス人の常識を書くことにした。フランス人にとっては常識というか、空気を吸うような異性への接し方が、日本では珍しく思われるのかもしれない。

説教めいたことを言う気はないが、せっかく男と生まれ、女と生まれたからには、女性と男性と親しみ合い、愛し合わないのはつくづく損だと思う。日本の真面目な読者のみなさんに、フランス流のロマンス術が刺激になって幸せになっていただければなあと思う。

ピエール・ブッダン

パリ・コレクション ―― もくじ

はじめに…………3

第1章

幸せな結婚のためのすべて……………………………11

結婚式の直前にパートナーの性格が変わるわけは？　12
結婚運は入籍した日に動く　14
CD『強運』の誤解を解く――二十七歳以上の女性の幸せ結婚法　17
結婚運がいい家の人は良い相手を選ぶ――年齢に関係なし！　18

結婚運がない人のための、いい結婚をする三条件…………20
いい結婚運を摑む三条件その①――好みで選ばぬこと　20
いい結婚運を摑む三条件その②――ひとつの仕事を地道に、長く続けている男性を選ぶ　22
いい結婚運を摑む三条件その③――相手の家族の結婚運を見る　24

結婚をしていない自分を救う考え方…………26
データを頭から信じ込むな！　いくつになっても魅力があれば良い　26

結婚適齢期は上がっている　28
若い時に好き放題して、三十過ぎて「さあ結婚！」は虫がよすぎる　29
三十過ぎたら一層の努力で良い結婚を！　32
結婚すると起こるいろいろな不思議……………34
結婚すると夫婦は顔が似てくる　34
心中すると霊界で惨々な目に！　36
色情因縁は努力と知性で越えられる　37
離婚は罪ではない　39
結婚して姓名画数が悪くなるときは改名を　40
神人合一《しんじんごういつ》する人は幸せな結婚はできないか？　41
奥さんが仕事をするなら家庭が安心な仕事を選ぶ　45
子供が小さいうちは仕事を控《ひか》えるのがベスト　47

第2章

究極の縁結び……53

良い縁結びを実現するには？　54
素直な人には良縁がどんどん舞い込む　55
甘やかされたわがまま娘は最後まで取り残される　56
御魂《みたま》が良い子は、良くしつけられるような環境に生まれる　58
化粧をサボるのは怠りだ！　59
こうすれば貴女はベティ・ブープみたいに変身⁉　60
歌手志望の子にアドバイス――アッと驚くほどきれいに！　62
女性はいくらでもきれいになっていいのに……　63
「今の流行」に安易に乗らない　65
目と鼻をシャドウとラインで美しく見せよう　66
中身は人にはわからない。まず美しく見せよう　67
目上の人に愛されるように努力しよう　69

だから、肩幅の狭い男はもてない　70
女性が夢見るのは？　71
女性は性的好みで男を選ぶ。高い声は直そう　72
角隠《つのかく》しは古代の叡智　75
女性は性的好みを越えれば後天《こうてん》の結びが出来る　77
先天《せんてん》の結びと後天の結びの相互作用　78
関西人は明治人か、大正人か？　81

第3章

究極の恋愛成就法―基礎編―

究極の恋愛成就法―基礎編―……87
思いどおりに恋をかなえるには？　88
食べ物、健康、生活パターンにとらわれない　89
偏屈・頑固が多い玄米食主義者　92
くたびれもうけのボディービル　95
悪い霊を寄せつけない体質改善　97

揺れる恋心、どうすれば結婚に？　99
魂《たましい》を「静《せい》」に保つ方法　100
没入、忘我で顕現する動中《どうちゅう》の静　104

第4章 究極の恋愛成就法—実践編—……109

他心通《たしんつう》で知り得た多くの人の悩み　110
小まめに電話をかける　111
レストランに誘う　113
日本の男性がやらないから抜群の効果が　116
結婚記念日と誕生日にはプレゼントを必ずする　117
大モテ男は大ママメ男だ！　122
相手の幸せポイントにアプローチ！　124
おわりに……………126

特別付録　美人・美男になるロゴ

幸せな結婚のためのすべて

第1章

結婚式の直前にパートナーの性格が変わるわけは？

結婚というのは、普通は恋愛の行きつく先のゴールだ。もちろん見合いの人もいるが、幸せな結婚となるべきなのは、改めて言うまでもない。

ところが、あまり知られていなかったり、無視されがちな、けれど重大な法則がある。そこを知ると幸せになれるのに、その手前で不幸な別れをしてしまうこともある。

そこから説明を始めよう。

「結婚して姓が変わると、相手の家の因縁《いんねん》を受けますか」という質問をよくされる。

これは言うまでもなく、ハッキリ受ける。特に、姓が変わる前に、相手の戸籍に入った瞬間から因縁は変わるものだ。そして、その一週間〜一カ月前あたりから、予兆が始まってくる。

私もこれまでに結婚に向かう男女を何人も見てきたが、交際中のときにはごく普通に、お互いが気に入ってよかったというカップルでも、特に結婚式の一カ月前あたりから始まって、一週間から二週間前となると、両方の家の因縁が出てくる。そのために家がごたごたしたり、お父さんとお母さんが何か病気になったり、というトラブルが重なるのだ。

また、それまではすごくいい人だった人が急に何だか冷酷になるとか、言い方がすごくつっけんどんになったりもする。結婚式の一週間前、十日前にフィアンセの態度が急に変化したという記憶は、結婚なさった人なら思い当たるはずだ。ウキウキドキドキしていて気がつかないかもしれないが、少し離れて見ていると激しく変わる。それは、両家の因縁がガチガチぶつかり合うからなのだ。

それは唐突に起こるから本人同士にはショックかもしれないが、異なる因縁を背負った家、個人が結ばれる以上、当然のことなのだと思って、覚悟を決めておいた方がよい。

最近は新婚旅行で海外に出発する前とか、帰った直後に離婚するケースが多くて、「成田離婚」と言われている。そんなことは、この法則を予め知っていれば、ある程度は予防できよう。

結婚運は入籍した日に動く

結婚と言えば結婚式、つまり華やかな披露宴だけに目が行きがちなものだ。しかし、結婚によって因縁が動くのは、結婚式、披露宴の日からというわけではない。

結婚相談もずい分受け、たくさんの人が結婚するのを見てきた私には、戸籍を入れた日に因縁が大きく動くことがハッキリわかる。相手の戸籍に登録した時に、それまでは軽やかで明るく伸び伸びした女性が、何となく重く、性格が暗くなった、という相談は多い。それで離婚したら、またカラッと明るくなったという人もいる。

逆に、男性の方が、独身の頃は順調だったんだけれども、結婚してから急に運が悪くなった、そして妻の方は運が良くなったという場合、その人の奥さんのほうの家を見たら、みんなどこかごたごたしているものだ。反対にご主人のほうの家は、みんな健康で、仕事もうまくいって、何事もうまく成就している。このケースの場合は、奥さんの悪い因縁とご主人のいい因縁とのバランスがとれたのだ。結果的には、ご主人の運は悪くなり、奥さんが良くなったわけだ。つまり、片方が運気がよくて、片方が悪いと、両方合わせて二で割った運気に、二人ともなってしまうということである。

ご主人が普通で奥さんが最悪の家の場合は、特にはっきり出る。質屋さんのお嬢さんとか、代々庄屋だったりした場合、質屋がみんな悪いわけではないが、世のため人のためために役立つ質屋というのもあんまり聞いたことがない。お客の執着とか、怨みの念とかの思いを受けたりするので、コツコツと金融業をしている人は、あんまり因縁は良くない。

それから、お寺さんの家だと、世のために人のためにというお寺はいいが、税金がかからないというので、坊主丸儲けをしているようなお寺ではやっぱり悪い。そういうお寺さんの家から奥さんをもらったら、ご主人はやっぱりだめになる。

もう極端にわかるものだ。

　このように結婚によって因縁は動き、運も変わる。それも戸籍に入れたその日に変わり、明るい人が暗くなったりするのである。

　逆に、すごく暗かった人がすごく明るくなったりもする。それほど、戸籍に登録をして印鑑を押すということは重要だ。結婚運ということで見ると、相手の家の因縁を、いいものも悪いものも受けるということで、その意味は重大である。

　この法則を応用すれば、運の悪かった女性はどうすれば運がよくなるかがわかる。運のいい男性を見つけて姓が変わったら手っ取り早いということだ。努力する前に、印鑑と戸籍登録するだけで――なんて言うと、今まで運が悪かった方は、バラ色の未来が目の前に開けた気がするかもしれない。ただし、徳分《とくぶん》の絶対量というものがあるから、運はよくなってもどこかでバランスをとることになるだろうが……。ともあれ、入籍するということは、それほど大きな影響を持っている。だが、自分も努力し徳分を積んでいた方が、もっと良いことは当然だ。

　いろんなケースを見たところ、結婚は、個人の縁というのは二割で、両家の家代々の結婚運というのが八割ぐらい動くという感じだ。

本当に理解し合っていて、相思相愛で、性格もあらゆる面でピッタリだったのに、結婚してからうまくいかないというような新婚夫婦を見てみたら、奥さんのほうの家はいつも離婚騒ぎがあったり、家の中ががたがたしていたり、ご主人の方の家系もトラブルが多かったり……。こうした家の因縁が動いた結果であることが多い。個人同士は非常によくても、結婚してからなかなか思いどおりにならず、結局離婚したという例が多いことから、私はそう見る。

みなさんが身のまわりの例で考えても思い当たることだろう。

CD『強運』の誤解を解く――二十七歳以上の女性の幸せ結婚法

私はこれまで『恋の守護霊』や講演録CD『強運』（ともに深見東州著／たちばな出版刊）で、幸せな結婚のためのいろいろを書いたり語ったりしてきた。全体として、多くのみなさんを幸せに導くことができたと思う。それは、読者のみなさんからいただくお手紙、ご意見からもうかがえて、たいへん嬉しいかぎりだ。

しかし、中には、これは誤解を招くな、と思う個所もあったので、ここでフォローさせていただくことにする。

CD『強運』第二巻の「いき遅れた女性が結婚するには」というところを聞いたある女性から、

「じゃあ二十七を過ぎた人間は好きな人と結婚しちゃだめなんですか、先生」

と、詰め寄られた。

CDには「女性の結婚は、二十七歳までは攻撃で、二十七を過ぎたら防御を心がけた方がよい」と入っているので、確かにこれだけを聞いた人は、男性と若い女性ならいいが、三十過ぎの女性は何故なんだと思うにちがいない。我ながら言葉足らずだったと思うので、少々つけ加えておく。

私は女性の側の結婚運について話したのだが、その際にご家族の結婚運を見ていただきたい、ということなのだ。

結婚運がいい家の人は良い相手を選ぶ――年齢に関係なし！

自分の兄弟、お父さん、お母さんが非常に夫婦仲のよいご家庭とか、お父さんの親戚縁者はみんな結婚生活がうまくいってる、あるいはお母さんの兄弟がみんな結婚生活がうまくいってる場合は、その人の家の結婚運がいいという因縁なのだ。そういう人は、非常に結婚運のいい相手を自然に選んでしまう傾向がある。また、二十七を過ぎても、三十を過ぎてもいいなという人が出てきて、相手もいいと言えば、もうそれはいい結婚になる。だから、どんどん好みで結婚して結構なのだ。

しかし、残念なことだがそうじゃない場合が多い。その人のお父さんもお母さんも結婚生活で葛藤して、ほとんどもう家庭内離婚のような状態で、籍だけは入ってるが、ほとんど別居……。お父さんの兄弟はみんなお妾《めかけ》さんが何人もいたり、四回も五回も結婚したり、お母さんの家系もそういう家が多いとか、そういう場合は、お父さん、お母さんの血を引いて両方の因縁をもらう。こういう人は、自分が「好きだ！」と思って男性を選ぶと、ほとんどの場合失敗する。なぜならば、それは結婚運のよくないという因縁を持った自分が選ぶからである。「親の道、子が通る」とよく言うが、こういうことのたとえなのだ。こういう方は、できれば救霊《きゅうれい》を受けて運気を向上させた方がいいが、これについてはこの章の最後でふれることにする。

結婚運がない人のための、いい結婚をする三条件

いい結婚運を掴む三条件その①――好みで選ばぬこと

よく三高などといって、結婚の条件に「高収入」があがっていたりする。しかし、結婚運の悪い人というのは、財運が良かったとしてもなかなか良い結婚ができない。反対に結婚運はいいのだが、いつもお金がなくてピーピーしているという、財運のない人もいる。その他、子供には恵まれるけれど、いつも夫婦が葛藤しているとか、結婚運はすごくいいのだが、病気の多い家系だとか、いろいろある。

すごく才能のある家系なのに、お金と結婚運には恵まれないという家もある。だから、結婚に関しては、財運があったり、才能がある家系だったり、あるいは健康運があったりする相手でも、結婚運というところを見ないとだめなのだ。家

系的に結婚運のいい女性ならば好みで選んでもいい結婚ができるだろう。しかし、非常に問題の多い家系の方が、因縁から脱却して、カルマ（業）のままにならないようにしようと思ったら、自分の好みに従って選んだらだめ、ということになる。

それにしても、好きになった男性を選んだらだめだ、ということになると、結婚運のあるなしに関係なく釈然としないかもしれない。しかし、男性の好みとは本当のところどういうものかと、私は研究してみた。これは、どの人とは言わないけれど、ある女性に対して他心通《たしんつう》（心の中を見透す神通力《じんつうりき》）をしてみてわかったのだが、はっきり言って、男性の胸に抱かれたときの感覚なのだ。あの人はいいとか悪いとかというのは、「あの人の胸に抱かれたときに、ああ、思わずそうなりたいわ」というふうに気持ちがいくかいかないかの違いなのだ。だから、いい人なのはわかっている、だけども結婚する気にはなれないことがおこる。逆に悪い人なのはわかっている、だけども惹かれていくということもあるように、潜在的な性的好みが第一に反映する。

知性とか理解とかでは収まりがつかない、結婚運、つまり因縁の力でそうなってしまう。そこまでわかると、結婚因縁の悪い人にも、良い結婚をするための傾向と対策の立てようが出てくるのだ。

これが「結婚運のない人のためのいい結婚をする三条件」の一つ目である。だから、幸せな結婚のためには、性的好みに左右されないで相手を選ばなければならないのである。

いい結婚運を摑む三条件その②――ひとつの仕事を地道に、長く続けている男性を選ぶ

大体、結婚に失敗する女性は、次から次と同じタイプの男を見つけ、結婚しては別れる。他人から見てあきれるほどわかりきったことが、本人にはわかっていない。

どういう男に惹かれるかというと、あきやすく、ひとつの仕事が長続きしないタイプだ。私などから見ると非常に軽くて、無責任なことを嘘でもなんでも吹きまくっているような男に惹かれ、結婚しては別れる。あきれたことに、以前の亭

主とそっくりの顔の男と再婚したりもする。そのあたりのところに因縁が潜んでいるわけだが、カルマ（業）どおりにいってだめだとしたら、どうしたらいいか。

まず、一つのことを十年以上続けているような男性を選ぶことだ。

こういうタイプの人は性格が明るく、霊層もいい。仕事がしょっちゅうコロコロ変わる人は浮気、嫌気、むら気が多いに決まっている。一方、仕事も趣味も特技も、嫌だ嫌だと言いながら十年以上続けられた人は、結婚した後も、奥さんを嫌だ嫌だと思っても結婚生活を続けられる。昔から「思い三年恋五年、合わせて八年以上持たない」と言われている。思い続けても三年が限度、恋しい恋しいと言っても五年が限度。八年間も恋心が続くことはないと言われている。

一緒に生活するとなると、生活サイクルと生活サイクル、癖と癖のぶつかり合いになる。生活に入ってきたらお互いのそこが勝負になる。だから、嫌だなあと思っても、ぶつかり合う夫婦であっても、継続させていこうという努力をする男性なら、家庭生活は、長く持つ。一つの職場なり特技なりを十年以上続けている人というのは、そんなにしょっちゅう奥さんを変えたり、離婚しようなんて言わないのだ。

こういう男性は、結婚運の良い女性にも悪い女性にも最良のパートナーだが、悪い方の女性はこういう人を探して選ぶしかない。第一条で説明したように、えてしてこういう地道な人を嫌うのが結婚運のない人の習性なのだ。

そして今書いたように、仕事をコロコロ変える男を選んではいけない、というのが第二条になる。

いい結婚運を掴む三条件その③――相手の家族の結婚運を見る

第三の条件は、相手の家族の結婚運が良いことだ。

結婚運というのは金運などとは必ずしも一致しない。その人の結婚運というのは、家族の結婚の状態を見れば大体わかる。相手の両親とか、兄弟姉妹が幸せな結婚をしているか、それとも家庭内離婚状態か、バツ二、バツ三か、といったことが判断の決め手になる。

家族に金持ちや、大して才能のある人もいないが、みんな夫婦仲よくいってるという家系は結婚運のいい家だ。そういう家庭の人を熱烈に好きだーっという場合、そういう人と結婚すると、その結婚運のいいところに自分が引っ張られるから、比較的失敗のない結婚になる。

だから、以上あげた三つの条件にあわせて相手を選んで結婚した場合は、年齢にあまり関係なくうまくいく。自分自身の家代々が非常に結婚運が良いと、幸せになるような人を自然に選んでしまう。自分の守護霊が、結婚できるようにいろいろ裏（目に見えない世界＝霊界）で動いてくれるし、内面的な好みがピッタリの人を選んでしまう。

その逆の、結婚運のよくない家系の人は、好みを抑えて自重して結婚相手を選ぼう。そうすると、悪い因縁も妹のほうにいったりして、自分は逃れられ、幸せな結婚ができる。妹が自重するといいとこのほうへいく。努力でカルマ（業）を乗り越えようとするということは、そういうことだ。

いずれにしても、結婚運が悪い人というのは、自分よりずっと結婚運の良い人、持続力のある人をパートナーに選び、また、そういう人に自分を選んでもらうのがポイントだ。

結婚をしていない自分を救う考え方

データを頭から信じ込むな！　いくつになっても魅力があれば良い

もうひとつ、CD『強運』で私が言ったことをフォローしたい。二十七歳までが結婚適齢期で、それまでに結婚できないのは行き遅れ、というところだが、もう少し詳しく、正確に述べよう。

女性の二十七歳までの結婚がうまくいくというのは、恩師・植松先生の意見でもあるし、アルトマンシステムの結論でもある。私も二十七歳ということを、いろいろな人の相談を聞いていて割り出した。どうしてかというと、二十七歳だとまだ二十代という意識が強い。しかし二十八になると三十まであと二年、二十九だとあと一年と、焦りが増す、ということのようだ。これは一般論だから、例外はいくらでもある。

男性は結婚の適齢期は三十三歳までといわれる。特に男性は、三十三歳以降になると、その人の生活サイクル、生活パターンができてしまっている。自分が作り上げた生活パターン、生活サイクルを、結婚して壊されたくないという感じが本能的に来るので、なかなかズルズルとして結婚できなくなる。だから男性は、三十三歳ぐらいまでの結婚が一番決定率が高くてうまくいっているというのが、これもアルトマンシステムのデータだ。

もちろん、データというのは、例外も多い。例えば非常に魅力があって、何歳になってもプロポーズされる人がいる反面、二十二でピチピチしているのに、色気も魅力も全然ない人がいるものだ。

職業では、ピアノ・エレクトーン教師、これがなかなかいきにくい職業だ。何故かといえば、子供たち相手の仕事のため、男性と接触するチャンスがない。おまけに経済力がある程度あるので、自分で好きなお休みを取れ、お金もあり、海外旅行だ、温泉だと、三十過ぎても十分にやっていける。三十超えてからやにわに焦り始めるのだ。

それでも、魅力のある人は、何歳になっても、三十過ぎてもいい結婚をしている人は多い。自分自身の女としての魅力が何歳になっても衰えないなら良いのだ。あるいは、衰えかけても、お化粧で、あるいは人工的処方でやれる人は、行き遅れたって後から福が来る可能性は大だ。

何がなんでも女なら二十七、男なら三十三というわけではない。つまり独身のまま二十八歳になったからといって、世をはかなんで自殺するほどのことではないのだ。

結婚適齢期は上がっている

それと、もう一つの救われる考え方は、平均寿命が長くなったことだ。

特に女性の平均寿命は長くなっている。平均寿命の延び率に比例して結婚年齢もスライドさせる必要がある。そうすると二年ないし三年高くなる。だから、昔の二十七は今の三十歳だということだ。

私がCD『強運』で述べたことは一般データに基づいているので、例外は当然ある。私のところに結婚問題で相談に来る人の中に、そういう人が多いということである。普通に結婚している人ならそんな相談には来ないのだから、三十過ぎていても、いい結婚をしている人も世の中にたくさんあるだろう。悩んでない人も多いということだ。

ここに書いた以外にも、救いようは幾つもあるわけだ。道祖神にお願いするとか、お化粧技術を向上させる、年をとっても、初々しく、若々しくあれば良いとか。

向上心をもち、自分を反省する心があれば、結婚年齢がどうのと悩んだり、人に相談せずともよいわけである。

若い時に好き放題して、三十過ぎて「さあ結婚！」は虫がよすぎる

けれどもデータとか数字というのは、まるっきり無視してはいけない。自分で自分を救っていける人というのはいるけれども、やっぱり例外的であって、数が少ないからだ。

二十七歳ラインが、結婚に関するひとつのラインだというのは次の事柄による。要するに、「とうが立つ」と言うが、女性も二十七にもなると、それなりにいろんな男性を見てきて目だけ肥えてくる。あの男性はここが良くない、あそこが良

くないと、悪いところがいくらでも見えるようになる。しかし、自分の目が肥えてくるのはいいが、向こうの目も厳しくなってくることがわかっていないからピンチなのだ。

自分の目が肥えているカーブと、向こうの目が厳しくなっているカーブがあって、それを乗り越えていたら問題はないが、大体その手前で縁談は潰れる。若いときのほうが結婚が決まりやすいというのは、お互いに何にも知らないから結婚できるという事情が働いているのだ。

けれどよく選んで、選んだ目で間違いないと思って結婚して、うまくいっている人もいる。人によって両方成り立つ。若いときしか遊べないというのでいろいろ遊んで、年をとってきて、もうそろそろ結婚しようかと一方的に希望しても、相手がいつもそのように受けてくれるとは限らないということだ。世の中の現実の厳しさということを私は言いたかったのである。

それなのに、若いうちに「結婚なんてまだ早い」と好きなことをやったり、遊びまくったりしておいて、ある日突然結婚したくなって……、と探してみたが相手が見つからず「救いがない！」と言う。それはしかたのないことで、そうなってから最高の相手、というのは少々ムシがよすぎる。自分で選んだ道なんだから、三十三でも三十四でも結婚、結婚って言わなくていいじゃないか、と。

若い間にいろいろやりたいことをやって、しかもそろそろ結婚したいなあというときに最高の理想の人が来るなんていうことは、ムシがよすぎるんじゃないかと、かねがね鑑定のときにそう思っていたから、そう言っているわけだ。

だから、若いときに、相手から見て一番いいときに好きなことをしてきたわけだから、二十代後半になって突然結婚したいのなら、その年齢をカバーするように、現実社会における客観的な自分ということを考えて、それを上回るだけの努力をしなければならないに決まっている。お見合いの数を増やす、少しでも若々しく見せる、男性から見て「ああ、この人と結婚したいな」というような気持ちにさせるために努力したら、問題なくうまくいくだろう。

結婚するかしないかを考えて結婚するというふうに決めたのなら、結婚するためにもっと的を絞って努力しなきゃだめだ。出会いのチャンスの多いグループに入るとか、くり返すがお見合いの回数を増やすとか、別にアルトマンシステムを勧めるわけじゃないが、成功率九割というデータが出ているそうだから、やってみるのも良い。

結婚にだって努力が必要なんだ。いい結婚をすることに目標を持って必死の努力をしても全然恥ずかしくはない。結婚のために生きてるんじゃないとは言うけれども、三十過ぎたらやはり結婚！　と思うのは普通だから、そんなに格好つけなくても、結婚第一主義でも全然恥ずかしがることはない。

仕事に生きていて、「結婚⁉　関係ないワ」という人生もあるから、それだったら悩まなくていい。そう生きるんだと決心したのなら、それも立派な人生だ。中途半端に、結婚も、また仕事もといって、とりあえず楽しいことをして、三十三、四になって、ぎりぎりのところになって焦って、相談に来て、しかも最高の理想像を求める、というような人には、そううまくはいかないんじゃないですか、と言わざるを得ない。

人生、いつでも「いいとこ取り」できるわけではないということだ。

三十過ぎたら一層の努力で良い結婚を！

つまり、幸せな結婚のための最適年齢は人によるのだ。

総体的なものだから、結婚を第一志望に考えて、二十六、七ぐらいのときに真剣に考えて相手を求めてもいいんじゃないか、ということだ。嫌な人と無理に結婚しなさいと言うわけじゃない。結婚運のいい人を選んで、好きになって、しかもご自身も結婚運がいい家庭だったらスッといけばいいし、非常に問題の多い家庭だと思ったら努力して、因縁にやられないように、悪因縁は妹のほうに？　いくように努力すればいい。

それでも三十まで来たら、「三十になったんだから」と、女らしさの表現、言葉使い、お化粧技術、少しでも結婚相手が来そうな環境に自分を置いて、やはり努力しなきゃいけない。客観情勢が劣勢になっているんだから余計に努力が必要だ。そうやってうまくいった人も多い。

決して三十過ぎたら最後というわけではないから、もっと夢と希望を持ってがんばったらいいのだ。三十過ぎている女性でいくらでもいい結婚をする人はいる。それなりの努力と現実を踏まえてやれば、問題なく幸せを獲得できるものだ。結婚というのは、相手がいるという当たり前のことを忘れないでもらいたい。

つまり相手の都合（好み、評価、目）が大きく働くのであって、自分の都合だけで何でもまとまるものではないということだ。

結婚すると起こるいろいろな不思議

結婚すると夫婦は顔が似てくる

次に、結婚と霊層《れいそう》（人の霊的なランクのこと）の関係について書いておこう。

「結婚は、同じ霊層の者同士しか結ばれないのですか。もしも離婚したとしたら、これは罪でしょうか」

という質問を受けたことがある。

同じ霊層の者同士が結ばれると幸せだ。同じような考え方、同じような世界に一緒にいられたら幸せに決まっている。でも同じ霊層の者同士じゃない人が結婚する場合も多い。その場合どうなのかである。

実は、高い霊層の人と低い霊層の人が結婚すると、二人とも真ん中ぐらいの霊層になる。低い人は上がるし、高い人は落ちるという、これが事実だ。

けれど結婚して一時真ん中ぐらいの霊層になっても、もともと霊層が高いご主人のほうが回復するとか、奥さんのほうが努力して回復して、さらに霊層をよくする積み上げをしたために、男性と女性、ご主人と奥さんの霊層に大きく開きが出ることがある。そういう場合は、奥さんがそばにいても、ご主人が何か手の届かないような存在になったように感じてしまう。そういう場合は、多々ある。

しかし、まずは同化して、真ん中ぐらいにバランスがとれてくるので、奥さんがご主人の顔にそっくりになってきたり、ご主人が奥さんの顔にそっくりになってきたりする。

そうそう、似るといえば犬を飼うと、コリーの顔にそっくりになってきたりする人もいる。チンの顔にそっくりになってきたりもする。チンが飼い主に似たのか、飼い主がチンに似たのか、さてどちらだろうか。とにかく、人が犬に似たりもする。それは霊層の交流をするからだ。両方の思いを出したり受けたりするので、顔がそっくりになるのである。これは遺伝子以上の作用だ。それほど愛情と愛情が交流すると、犬と人間も夫婦同士も顔が似てくる。

こういうカップルが霊界に入ると『恋の守護霊』（深見東州著／たちばな出版）にも書いたが、二人とも同じような顔をしていて、二つで一つの御魂《みたま》になって、一つの御魂として計算される。

もちろん、これは幸せな結婚のカップルである。

心中すると霊界で惨々な目に！

この世ですごく仲が良くても、仲が良すぎて心中したらどうなるか。

「あの世では一緒になろうね」「そうね、この世ではだめでも、あの世でね」と、本人達は思ったのかもしれない。ところが、とんでもない一緒になり方をすることになる。

こちらも二人で一人分なのだが、シャム双生児みたいに体の一部分がくっついている。どこでくっついているかというと、性器でくっついていて、しかも両方ともすっ裸だから隠しようもなく、実にみっともない。

こうやって何百年も霊界にいるわけだから、みっともないだけじゃなく、本人達にすれば恥ずかしくてかなわない。百年の恋もいっぺんに冷める、とはこのことだ。

それで再びこの世に生まれてきた場合、もう片方が生まれてきて偶然会うと、ゾーッとしたりする。心中をした相手だったら次の世でも引き合いそうなものだけれど、そうではない。霊界でさんざんな目に遭ったことを潜在意識は覚えているのだ。だからこういう人は、結婚は嫌だと言ってホモに走るかどうか知らないが、とにかく一生独身でいたりもする。

読者の方で心中しようと思っている人がいるかどうか知らないが、まあやめた方がいい。

色情因縁は努力と知性で越えられる

心中は極端な例だが、生前、非常に女性関係、男性関係で乱れていると、それだけ血の池地獄とか、霊界で苦しむ。そうやって、さんざん嫌な目に遭った人というのは次の世で男性嫌い、女性嫌いに生まれてくる。過度に好きなのも霊障《れいしょう》だが、過度に嫌いなのも霊障だ。

私は普通に好きなのだが、神の道に捧げているから捨てている。いわばカソリックの神父さんのようなもので、神父がたまたま惟神《かんながら》の道も儒教も仏教もやっていたようなものが、私の場合である。

今の建仁寺でも大徳寺でも、禅の師家は独身で、女性と関係を持たずに求道《ぐどう》一筋に生きている。私や彼らは、女性が嫌いだからとかいうわけではなく、そういう誓いをたてているのだ。

しかし、世の中には異性が、異常なぐらいに嫌いだという人はいるし、異常なぐらいに好きだという人もいる。両方とも霊障だ。普通なのが、(前世に心中したとか、女狂い男狂いしたとかの)色情因縁がない状態である。

しかし、異常に好き、嫌いといっても霊界の記憶であるから、その記憶のままに動くわけではない。意識はそうであったとしても、それなりに自分に合ったような形で、自分の知性と努力で一般的になるようにすればいいのだ。自分の人生だから、私はこういうふうに生きると決めて、それに幸せを感じて生きていけば一生独身だとしても全く問題ない。

離婚は罪ではない

「離婚は罪でしょうか」という質問があったが、離婚は全然罪じゃない。あまりに霊層が違いすぎたり、籍を入れたら、ものすごく因縁の深い家系であったりすることがある。たまたま結婚した二人の縁はあったのかもしれないが、重～い家の因縁を受けている人は、その人の姓を名乗っているだけ、籍に入っているだけで苦しい。離婚して籍を抜くといっぺんに軽やかになる人は少なくない。そうして非常に幸せになっている人も多い。

要するに、その本人が幸せだったらいいわけで、離婚したときにそれなりの法律上の手続き、金銭的な清算、子供の引き取りがどうのこうのということを両者納得の上離婚すれば全然問題はない。二度離婚しようと三度離婚しようと、相手を傷つけさえしなければ、いいのだ。そうすんなりいかないかもしれないし、まあ、傷つけはするけれど、それを最小限にとどめて両者が納得すれば問題ないのだ。

しかし世の中、なかなかそうはいかないようだ。離婚裁判になると、傘の一本、ワンチャン、ネコの所有権も、このネコは私が買ったんだから、いや一番エサをやったのは俺だからということで、このネコがどちらの所有物か裁判で争う。傘も十本のうち、わしが買ったのはこの傘で、私が買ったのはこれでと言って、じゃパラソルのうち二本はあなたで、二本は僕のね、と。でも傘立ては俺のだと言って争う。

離婚調停に立っている人に聞いたことがあるが、それほど離婚裁判というのは憎しみが露骨だそうだ。そこを、あっさりとかつてのプロ野球の田淵選手みたいに別れればいいのだ。そういう人は全然罪じゃない。倫理観念で己を縛ることはない。

結婚して姓名画数が悪くなるときは改名を

結婚して姓が変わると、もちろん氏名の画数も変わる。姓名判断で画数の良し悪しが変わることはあるが、家の因縁の変化のほうがもちろん大事だ。

姓名が変わると良くないというときは、名字が変わるのと並行して、その名字に合うように名前を改名すればいいのだ。そして、改名した名前が自分の本当の名前だと思えば、そちらのほうが強く出てくる。

結婚して名字が変わると、画数が悪くなったり、文字がよくないといって相談に来られる人には、私は、「じゃ変えればいいじゃないですか」とお答えする。戸籍は変わらないけれど、いい名前をつけて、いい名前だと信じたら、そちらのほうが強く作用するから問題はない。気になったら即改名したらいいのだ。ずっと気にし続けて何十年、という方がよっぽど問題である。

神人合一《しんじんごういつ》する人は幸せな結婚はできないか？

先程私は、普通に女性が好きだが結婚はしない、と書いた。いつもそう言っているからかも知れないが、こういう質問を受けた。

「神人合一（神の如くまで己を極め、神様と一体になること）する人というのは、独身の人が多いようですが、結婚生活が幸せだと神人合一ができないんでしょうか」

もっともな質問だ。

独身だったり、どこか変わった人物しか神人合一できないか、幸せだと神人合一できないかと言うと、そんなことはない。ただ神人合一のレベルがそれぞれなのだ。

人の得がたいものを得よう、極めがたいところを極めようと思えば、やはり、あれもしたい、これもしたいと手をつけて全部満たされて、しかも極めがたい気持ちまでいくのはまず無理というものだ。人に得られないものを得ようと思ったら、やはり好きなものを辛抱し、やりたいことを堪えてこそ、そのかわりに人のトップに立ち、頂点に立ち、人に得られないような最高の境地が得られるのだ。これは世の中の一般法則だ。

幸せな結婚もし、子供もでき、全部持って、しかも世界のだれも到達したことのないような境地にもなりたいというのは、これは欲張りというものである。しかし、そういう人でも神人合一はできる。ただしレベルが、己のすべてを投げうつ人とは違うということだ。

その人の神人合一のレベルというのは、家庭を幸せにし、夫を幸せにし、その人の役割と職業範囲のベストを、さらにベストにする神人合一のレベルだ。神人《かみひと》一体《いったい》というのは、家庭でも仕事でもできるが、そのレベルがおのずから違ってくる。人類を救済するほどのレベルを求めるのであったら、それだけ打ちこむ必要があろう。体験と徳分と悟った絶対量が必要で、それに合った分だけしか神様のお取り次ぎはできないからだ。

しかし、家庭を持ち子供と配偶者に恵まれ愛するということは、基本的に幸せだ。神人合一というと得がたいものを得るために自分の好きなものを捨てること、あるいはまた、戒めを持って生きるということで、不幸を背負っているようなニュアンスがあるが、そうではない。その人にとってはそれが幸せなのだ。

人の得がたいものを得るためにどんなことをしても、というのがその人の幸せだから、神様は神人合一をさせようとなさる。神人合一する理由は最終的には何かというと、それが本人の幸せだからで、神様が苦しめようとなさることでは絶対ない。

配偶者を愛せなかったり、独身だったり、どこかハングリーなところがある人というのは、不遇でも、もっと別な幸せを感じる。試練の道に生きることに本人が幸せを感じるなら、神様はあえて試練を与えていく。また、家庭を持って幸せだったら、それはそれで神様の御心に合っているのだ。幸せになるのが基本的な神の願いだからだ。

家庭を持って幸せに暮らしても、本物の信仰があれば、何となく月末はこうしたほうがいいんじゃないか、夫はこうすべきじゃないか、子供はこうあるべきじゃないか、自分のお仕事をこうしたほうがいいんじゃないかと、そういう閃き、直感があって、神様とともにいるという感覚があるから、神人合一のあるレベルまではもちろん到達できる。

ただし、それ以上を求めようと思ったら、絶対的な量と、越えなきゃならないプロセスと、山坂が要求されるから、どちらを選ぶかは本人の自由に任せられるのだ。その上でその道がいいからといって、夫と別れ、子供をどこかに預けるという人もいる。

一遍上人《いっぺんしょうにん》もそうだ。「これは」という女性がいても、私は仏の道に生きる、済まないけどと別れた。一遍上人はそのようにしか生きられなかった。お釈迦様もそうだ。王様で奥様もいたし、子供もいたんだけれど、自分はもっと人生の究極なところを目指したいと思い立って、王子様の仕事も立場も捨て、家族も捨て、妻も捨てて、仏道を成就した。それだけ得たものが大きいから、人類の救い主の一人になって、これだけ世界に影響力を持っておられる。

どの道を選ぶか。それは本人の自由だ。だから、幸せな結婚の道を選んだからと言っても、全然卑下なさることはない。それなりの神人合一のレベルで人生を幸せにできたらいいのだ。

奥さんが仕事をするなら家庭が安心な仕事を選ぶ

「女性が結婚し、かつ仕事も続ける場合、女性が本来持っている陰《いん》の要素、⦿《す》の働きと矛盾するのでしょうか。女性本来の役割に逆らって生きることになるのでしょうか。信仰力を高める最大のポイントは何ですか」

という質問もあった。この問題について考えてみよう。

仕事をすることについてご主人が納得なされればそれでいい。女性の⦿《す》の働きというのは、ズバリ言えば安心感だ。いつも家にいて安心感をかもし出すのはいいけれど、私はそういう女性よりも仕事に就いてある程度社会性をもち、ともに話し合いながらいくほうがいいと思っている。

しかし、土曜日と日曜日だけは家庭の日だから、その二日間安心をもたらしてくれればそれで十分。そんな風に、ご主人がそれでよかったらそれでいいのだ。妻の働きは十分にできるし、仕事をしながらでも安心感を出すことはできる。

ただ、その仕事が、株の売買とかになると、かなり修羅道っぽくなって、具合が悪い。土曜日と日曜日は安心かもしれないけど、平日は絶えず株価を気にして、

「おい、おまえ、夕食の支度は？」

「ちょっと待って。あ～、下がった上がった」

これだと、なかなか家の中は安心というわけにはいかない。株の売買とか競馬の予想屋とか、そういう目が血走るような仕事は向いているといえない。例えば、株の売買の営業マンで、絶えず株の上がり下がりを見ている人が家庭を持つと、ご主人に安心感よりも恐怖感を与えるからである。

もしこの株が暴落したら来年どうなるだろうかと奥さんが悩んでいるところに、

ご主人が、「ただいま〜」と帰ったら、「ちょっと養老乃瀧に行って食べてくるわ」というような淋しい家庭になってしまう。ずばり言って、妻が仕事を持つのはよいが、職業による。仕事と家庭とパッと切りかえができて、安心できる家を持とうと心がければ、妻の役割も果たせる、というわけだ。

子供が小さいうちは仕事を控《ひか》えるのがベスト

しかし子供が生まれたら、三歳ぐらいまでというのはやはりお母さんの肌の感覚がなきゃいけない。できるものだったらなるべくペースダウンをして、三年ぐらいお仕事を少し中断してでも育児に専念したほうがいいだろう。かぎっ子になると、そのさびしい分だけ、どこか孤独の影を持った子になってしまうからだ。

だから、幼児の間はなるべくお母さんがいたほうがいいし、働いていく場合は、母親の手の足りない分だけ夫婦が揃って補う努力をしていかないといけない。母親がいなかった分だけ、当然、苦労のしわよせが出てくる。

仕事、仕事、仕事で生きているお母さんだと、ご主人は納得しても子供はなかなか小さいから納得しない。わからないからだ。中学ぐらいに大きくなればいいが、手が放せない状態のときに、仕事がおもしろいからといって仕事に熱中すると、やっぱりその愛情が欠落している分だけ、子供が大きくなったら、お母さんは苦しむことになる。それはもう自分が選んだ道だから仕方がない。

お母さんと絶えずいるという女の子、男の子と、お母さんがほとんどいなくて育ったかぎっ子はどう違うか。かぎっ子は一人でポツーンとしてるのも平気なのだ。だから、大勢の中にいても一人ポツーンと座っている。どこか集団生活でなじめないというところはやはり否めない。

でも、ポツーンとするのが得意な仕事、例えば、物書きとか、それからお習字の先生とかにはかえって向くかも知れない。あんまり絶えず和気あいあいとしてたら、絵でも書でも書き物でも没頭できないから、孤独な影がポツンとあっても、ポツーンとしたのが幸せな道にしていければ、それでよかったということになるかも知れない。

けれども、集団生活の中で、どこか母親の感覚が足りない子というのは、その分だけ大事なものが欠落していることは事実だ。それを承知の上で、仕事をせざるを得ない。母としての重要な役割をやはり犠牲にすることになるから、女性本来の⦿《す》の働きの中での、その面はやっぱり果たせないのだ。

一番いいのは、子供がちょっと大きくなるまでは仕事をやめて、大きくなったらまたやることだ。仕事がおもしろくてやりたいというのだったら、その母の役割の分だけはどこか削られる。夫に対しては夫がそれでいいと言えばいいが、子供への責任となると問題は残ることになる。

というわけで、結婚について、幸せな結婚をどうやってつかむかとか、結婚生活と神人合一とか、いろいろな角度から述べた。これらを参考にして、是非良縁をつかんでいただきたい。

ところで最後に、「どうみてもわが家の運勢はよくない」とか「特に自分の運がよくない」という場合について補足しておこう。たとえば、大事なところで必ずへまをする、チャンスが巡ってこない、人間関係がうまく行かない。さらには、家がゴタゴタもめている、ノイローゼや重病患者、事故が続出する……などの場合。

もちろん、なかなか結婚できないとか、姉妹そろって縁遠いとかいう場合もあるだろう。これを家運とあきらめて、因縁をそのまましょいこむ前に、一度ぜひ「救霊」（ついている霊を救済してはらうこと）を受けてみることをお勧めする。というのは、じつは問題の多い家系には、あなたの先祖の代からずっと恨んでいる霊（たたり霊）がいて、霊界から強烈にしかえしをしている場合がほとんどだからだ。

こんな霊にたえず人生を妨害されたら、節目節目でまちがった道を選ばされたり、才能の芽をつぶされて、なかずとばずの人生になりかねない。くわしくは『神界からの神通力』（深見東州著／たちばな出版刊）などにゆずるが、恋愛運を根底から改善したい方は、お受けになってみるといい。

人生の黒雲が払われ、陽光をさんさんとあびるように、想像もできないほど運勢が向上するはずである。

――救霊〈除霊〉のお問い合わせ、お申し込みは左記まで――

フリーダイヤル　0120（50）7837
ワールドメイト総本部0558（76）1060
東京本部　03（6861）3755
関西本部　0797（31）5662
札幌　011（864）9522
仙台　022（722）8671
千葉　043（201）6131
東京（新宿）　03（5321）6861
横浜　045（261）5440
名古屋　052（973）9078
岐阜　058（212）3061
大阪（心斎橋）　06（6241）8113
大阪（森の宮）　06（6966）9818

高松　０８７（８３１）４１３１
福岡　０９２（４７４）０２０８
熊本　０９６（２１３）３３８６

ホームページ　http://www.worldmate.or.jp/

どうしてもご都合で来られない方や、ご理解のないご家族、友人知人の救霊の場合には、その方のお写真で出来る写真救霊（その方の憑依霊を写真で見抜き、写真を使って救霊する方法――写真郵送で出来ます）もありますので、加えてお勧めいたします。

また救霊、その他の無料パンフレットをお送りしています。お気軽にお問合わせください。

究極の縁結び

第2章

良い縁結びを実現するには?

結婚について、いろいろ考察したが、さてどうやったら悪い因縁を絶って、良い縁を結べるかという方法を、突っ込んで考えることにしよう。

少々神霊的に言うと、縁結びには先天《せんてん》の結びと後天《こうてん》の結びがある。前者は無形の、後者は有形の結びだ。先天の結びというのを変えるには私が行う秘法もあるのだが、誰でもそうやすやすとできるものではない。

しかし、後天の結びというのは、自分の性格、傾向を知って良い方向に直すことによって因縁を絶ち、ひいては先天の結びを変えることにもなる。この章では、結婚運の良い人、悪い人というのがどういう人か見分けながら、自分をどう変えたら結婚運が良くなり、良い縁結びができるか述べてみたいと思う。

素直な人には良縁がどんどん舞い込む

まず、大変わかりやすいことだが、性格が素直な人というのは、男性でも女性でも周りの人が放っておかない。すごく結婚運が良くて、すばらしいパートナーに恵まれる。それは以下の理由によるのだ。

小さい頃から、お父さん、お母さんに厳しく育てられてきた人は女性でも男性でも、非常に素直だ。いつも厳しく言う人でも、一度注意すると「はい」と素直に反省するので、あんまり言うと可哀想だと思って、一回注意したらそれ以上言わない。だから、結局は素直な人はあんまり叱られないことになる。これは叱られ上手でもある。

そういう素直な女の子の場合は、もう必ず、すぐ結婚が決まる。決めたくないと思っても周囲が放っておかないのだ。明るくて素直で、はきはきしていたらもう言うことはない。そういう人は結局運がいいわけだ。

生まれ育った環境の中で、少なくともわがままを言わないで素直に「はい」と言う人というのは、女の子として非常に運がいい。だから、男の子もそうだが、親にしっかりしつけてもらえるというのはすごく運がいいことなのだ。

甘やかされたわがまま娘は最後まで取り残される

反対に、わがままで育ってきた人は、自分のわがままの思いどおりにいくような目下の人とか、気心の知れた人に気持ちが向く。生まれ育ってきた環境により、いつも自分を抑制するような相手とか、厳しく叱りつける人とか、細かく注意する人はなるべく避けるようになる。

一人息子、一人娘で、お父さん、お母さんが溺愛《できあい》して、わがままに育てたために自分の気分を抑えることができない人は、目上から厳しく言われるのに非常に抵抗を感じる。だから、厳しく言われると、もう聞きたくない、もういいとなる。

だからいつもおどおどしていたり、厳しく言えば言うほどグッと逆に反抗して、にらみ返したりする。

黙っていてもお腹の奥で「こんちきしょう」と思っている。厳しく言われるという感覚に、子供の時から慣れていないからこうなる。

そうすると、厳しい上司などは注意しているのをこいつはわかっとるのかと怒る。自分が足りないから注意されてるのに避けるようにすると、一層わかってるのかと思って、また言いたくなる。グッとにらみ返されたりすると、ちっともこいつはわかっとらんな、というのでさらに叱られて、いつも叱られている。ふてくされている、叱られているからということで、いつもその（叱る）人と会うと不愉快な思いにかられている。

叱られる方も、（また言われるんじゃないか、言われるんじゃないか）と思うと、「言われるんじゃないか」という念を出すから、言いたくなくても上司はその人に会ったら言ってみたくなるというサイクルで、どこまでも叱られている。

だから結局、「あの女の子は問題が多いね」ということで、なるべく触れないように触れないように、腫れ物に触るように周囲は動いていく。当然のことながら、自分の知り合いが、あの人と結婚したら不幸になるというので、あの人とだけは縁談があったら壊そうというぐらいな気持ちになる。

当然、良い相手を紹介してもらえることはない。死ぬまでひとりで威張っていれば、ということになる。世間は素直な人には優しいが、わがままな人には冷たいのだ。

御魂《みたま》が良い子は、良くしつけられるような環境に生まれる

だから、結婚する、しない、運、不運というのは、結局生まれ育ってきたしつけの問題ということになる。

目上の人に対して素直で、叱られ上手の子は、叱られないで、どこまでも運がスーッと開ける。それが因縁というもので、そういうお父さんとお母さんのもとに、小さいうちに育てられたわけで、本人が気がつかないだけだ。

よき御魂《みたま》の子は、やっぱりそういう両親のところに生まれてくるものだ。そういう両親の間に生まれても、五人兄弟の中で一番悪い御魂の子の場合は、お母さんが仕事をして働いて、しつけができなかったり、教育ができなかったというときにたまたま生まれ合わせてきて、どうしてもしつけがしてもらえなくて、放ったらかしになったりする。

兄弟の中でその子だけがわがままに育ったりということで、その子だけ運が悪い。これはやっぱり因縁の働きだ。不思議なものだが、これが基本である。

稀に、すごく前世の徳分があって、ものすごくわがままなのに、そのわがままを辛抱するのが好きだというような夫と結婚できることもある。それはわがままを超えるだけの、色の白さだとか、顔立ちのよさだとか、それを欺くだけの説得力だとかが備わっている場合などである。それで男性もだまされて次々にプロポーズするが、たいてい三年以内には別れてしまう。いずれも長くは続かない。

化粧をサボるのは怠りだ！

化粧というと軽く見る人がいるが、とんでもないことだ。恋愛はもちろん、他人と縁を結ぼうと思ったら、自分を美しく見せる努力をしなければならないに決まっている。「外見ではなく、中身だ」なんて言う人間に限って、とても人前に出せないような面相だったりする。そんなのは怠り以外の何物でもない。

私は私がリーダーをつとめているワールドメイトのスタッフや若い会員さんに

は、この点は厳しく言っている。

お化粧をしない女なんて、度胸のない男みたいなものだ。最近は化粧に熱中する男も増えたのに、女の子の方が研究が足りないのは情けない。

最初、私は愛と慈悲があるから言えなかったのだが、スタッフたちが余りにも平凡な顔をして来る。可哀想だ、やっぱり注意しなきゃだめだ、と思うようになった。たとえ顔のつくりが多少ゆがんでいても、女はお化粧できるからいいのだ。私なんかは、したくてもできない。

そこで私は相談に見える人……とくに女性にはお化粧の仕方から教えているし、セミナーなどでもよく話す。おかげでようやくスタッフも美しい顔になってきた。仕事を増やしたかっこうだが、これも私の役目のひとつと心得ている。結びのハイテク、化粧法を公開しよう。このくらいのこともしていない人は、怨念霊並みの人相なのだ。

こうすれば貴女はベティ・ブープみたいに変身!?

私は鼻が低いから……と沈んでいるだけの女の子は多い。鼻が低かったら、ファンデーションを二種類使いトーンをつける。鼻のワキに影をつくれば高く見えるのに何故しないのか。それから、えらが張ってるのに、そのまま張ったままで終わる人もいる。そんな人は、アゴに暗目のファンデーションを塗れば、ほほが出て細くなる。

特に女の子の化粧で足りないのは、アイラインを描かないことだ。一重まぶたでそれをそのままにするから、二日酔いのような腫れぼったい目でお化粧をしたような感じがする。まぶたの上にアイラインをスッとつければ、スッキリした目になるのに何故やらないのだろうか。私はそういう顔は霊界でいっぱい見ているのでもういい。見た目にきれいだったらいいわけだから、まず上まぶたのアイラインをはっきりして、ビューラーでまつげを四十五度に上向ける。そしてマスカラでそのまつげを濃くし、固める。そしてパチパチパチパチとすれば、ベティ・ブープみたいにきれいじゃないかというのだ。それをしないのは怠《おこた》りだ。

ファンデーションも大体普通一種類しかしないようだから二種類使えばいいし、一重まぶたの人だってテープを貼れば二重になる。

お肌が荒れていたら乳液を少し塗ってからお化粧をしてやればいい。サメ肌みたいな人でもファンデーションの厚みを五ミリぐらいにすれば、もう大丈夫だ。びっくりすることはない。京都に行けば舞妓さんがやっている。それでいいではないか。

歌手志望の子にアドバイス——アッと驚くほどきれいに！

ある時、歌を歌っている若い子に、声がきれいでも、ステージに出るんだから、見てきれいでなくてはだめだと僕は注意した。例によって化粧法を指導したのだが、皆さんにもお目にかけたいくらいうまくいった。

「先生、これ、どうですか」

と聞くから、

「だめ、思い切りが足りない。アイラインをはっきり描きなさい」

と言った。それから、

「美容院はどこ？　近くの美容院でしょう。だめ、六本木に行きなさい。有名人のいるところの美容院に行って、私はこれから歌手としてデビューしますからと言いなさい。向こうはその気になってやりますから」

とアドバイスした。

ステージだけじゃない。そのようにしてみなさんも会社に行けばいいのだ。別にファッションがどうだからといってやめさせられたりしない。だから、見てきれいならいいと言うのである。

その子は、私が二度、それはだめと言って、三度目にアッと驚くようにきれいになった。今、私の指導する若者達の間でも、私の美容アドバイスがブームになっている。パッと見て、アッきれいになったなという人は、まず美容秘法を受けたか、あるいは私のアドバイスで化粧を変えたか、この二種類のどちらかだとさえ言っていい。

女性はいくらでもきれいになっていいのに……

女性は自由にお化粧ができるんだから、そのままでほったらかしにしている女性を見ると、もし私が女ならどれだけやっているだろうかと思ってしまう。そのできない歯がゆさは何とも言えない。

髪の毛にしても、パーマも自由にできるわけだ。薄かったらかつらもできるし、長すぎればカットもできるし、女性は自由自在である。

そうやっているうちにスタッフたちも、みなそれぞれ大分きれいになってきた。はじめは愛があるから言えなかったのだが、やはり教育ということを考えたら言わなきゃいけないと思った。耳が痛い読者も多いことだろう。よくそういう平凡な顔で、お化粧もせずにいるなあと私からすれば思ってしまう。したとしても、サッササッと一種類で終わり、という感じである。まゆ毛でも、ゲジゲジまゆ毛なのにそのままでいるとか、何とかして……と思ってしまう。ちゃんと細く、スマートに描けばいいだけだ。

中には上唇が薄くて、下唇がヒドく厚いというのに、口紅を同じように塗っている人もいる。よくそういう化粧をするなあとあきれる。上を重いようにするとバランスがとれてみえるだろうに、と。

口が顔の半分もあるほど大きい人で、ごていねいに全部塗る人もいる。それで、

「先生、チョット……」と言われたら、もう恐ろしくて、食べられてしまうんじゃないかというような気がする。巨大口の人だったら、真ん中あたりに少し書いてまわりをファンデーションでごまかしたらいい……、と言いたい。一見見たところおちょぼ口、黙ってさえいれば、ばれない。それでバクバクバクと食べていればばれるけれど、少なくとも真っ赤にするよりはましだ。少しずつごまかしていけば、本当に口紅一つでもきれいになれるのだ。

「今の流行」に安易に乗らない

ところで、顔色が冴えない女性が、また冴えない色のメイクをしていることも結構ある。

色彩感覚がどうなっているのかと思ってしまうのだ。そう言うと大体「今流行なのに……」と言ったりする。

またアイラインを描いているのはいいが、赤とかピンクで描いている。稲荷そっくりだ。私は、稲荷の除霊のときにはいつも見ているから、目のふちの赤いの

はもう見たくない。それを、

「今、それは、先生、ブームですから」

と言う。

ぜひ知ってもらいたいが、赤は、結局性的に発情しているときに、目の上に赤い色を付けたくなるものなのだ。だから、これを付けるのは、そういう精神状態のときだから危険だ。清々しい霊格というのは大体ブルー（紺）だ。守護霊様《しゅごれいさま》でも目からブルーの霊光が出ている。紫だと娼婦の色になる。また、本当は金の霊光の人がいるけれども、金龍神そのものみたいに思われて怖がられるから、目に金はなかなか塗れない。

そもそも、今流行だからといって赤いラインとか、くすぶった冴えない色とかに飛びついちゃいけない。悪い霊に誘いをかけているようなものだからだ。

目と鼻をシャドウとラインで美しく見せよう

人間の顔は、大体目と鼻のあたりが一番目立つ。私は守護霊画を描いたりするので、彼らの顔を研究していてわかったが、まず、アイラインをはっきりする。それで、目の上に少しブルーを入れると立体感ができる。ファンデーションでも一種類じゃなく、何種類かを使って、鼻の横を少しトーンを落として影にすれば高く見える。同じ色ならてっぺんを白く塗る。そうすると鼻が高くなるのだ。

そのようにすれば鼻は高く見えるし、脇を少しブルーにすれば立体的に見える。まゆ毛もハの字じゃなくて、きれいに描けば、それなりに見られる。守護霊に近い顔になるというものだ。

まぶたにはブームでも赤のアイラインなんかしちゃだめだ。性的な発情をますます助長するから、そういう霊を呼び込む。なるべくブルーか、もしつけたかったら緑かどちらかだ。緑を少し入れれば清々しい霊格の高い顔になる。

中身は人にはわからない。まず美しく見せよう

ガガーンとアゴの発達した人もいる。アゴそのものの大きさは変えようがないが、ほおを少し明る目にして、アゴの部分のトーンを落としてダークにすると目

立たなくなって、顔が立体的に見えるようになる。アゴが出ているのは幾らでも工夫ができる。

小っちゃな耳の人は貧しく見えるから、イヤリングをしたらいい。ネズミみたいな耳をして、小っちゃい耳でも、華やかになる。これがポッチャリとした耳だったら、これをやると仏様みたいになるからしない方がよい。どうしてもしたいというのなら小さいイヤリングにすることだ。

そうやって化粧した分だけきれいに見える。長く付き合ってみなければ人のよさなどわからないのだから、まず最初は、この努力が結婚運をひきよせるもととなる。中身も美しかったら外も美しく、少しでも印象がいいように努力すればそのようにやっぱりなる。

女性でもお化粧を真剣に考えない人は、中身がきれいだからいいです、と言うかもしれないけれど、男の方の立場からいったらお断りしたくなるはずだ。中身もよく、外もよりきれいな方がいいというのが、男も女もお互いの共通意見だ。顔が変わらないのならお化粧してくれということだ。

ともかく、少しでも自分を良く見せることは、みなさんが考えている以上に大切なことだ。それをやらないで神様に近づきたいなんて虫がいい。あなた自身が、ものすごく汚なくて気持ち悪い男性や女性と、お茶を飲んだり恋人としてお付き合いをしたいかどうか考えたらいい。神様だって同じだ。

目上の人に愛されるように努力しよう

仕事でも恋愛でも、長続きする人は自分よりも目上の人に愛されて、慈しまれて、かわいがられるという性質を持っている。そういう女の子はどこへ行っても幸せだ。それがない人は、空恐ろしいぐらい何かの職能力がないと、今生でそれなりの幸せを得るのは難しい。

顔の形が少々悪くても、素直な女性、素直で楽しい女性で、さらに気がきくとなると男性はもう、放っておかない。だから、目に見えない世界（神霊界《しんれいかい》）で神仏にお願いして縁をどんなに結んでも、日常生活の中で、わがままに育ってきた人は異性に好かれなくてもしようがない。今さら子供の頃には帰れないので、まず女性なら男性に好かれる手始めとして、目上の人に愛されてみようという努力が必要となる。

特にお父さんと仲の悪い人は、社会に出ると上司の男性と仲が悪いものだ。当然、結婚すると、だんなとも仲が悪い。

逆に、お父さんとそれほど仲が悪くない、まあまあだという人は、社会に出て上司の人とまあまあやっていける。お父さんとの関係がそれほど悪くない女性は、大体お父さんと同じような人を理想の男性像に持つ。

また、男性の場合、お母さんとそんなに悪くないという人は大体、理想像を聞いてみたら、お母さんと同じような像を求める。これは逆に、お父さんと犬猿の仲だった女性は、父親と逆の男性像を求める。お母さんと犬猿の仲だったらお母さんと逆な人。細目だったら太い、あるいは、太目だったら細いタイプを好むものなのである。そのように、逆の像を人は求めるものなのだ。

だから、肩幅の狭い男はもてない

そういうふうに、この因縁、悪い因縁、悪い結びというのは、自分自身の生まれ育った環境の中で育まれた性格、好み、傾向に左右される。

特に女性の場合は、その男性に抱かれた瞬間に思いを馳せる。だから肩幅の狭い男性というのはあんまりもてないのだ。私の長年の統計の結論として、顔はハンサムだけど肩幅が狭い人というのはどうももてない。女性がイメージの中で、あの人に抱かれても、胸が狭くてだめね……、こんな感じなのだ。

反対に何かどこか、髪の毛が薄くても、ポーッとしていても、肩幅の広い人は何とな～く、抱かれた瞬間に抱かれやすいという感じを、女性はその瞬間を連想するようだ。

女性が夢見るのは？

男性にとってもそうに違いないが、未婚の女性にとって結婚というのはすごい夢だ。

特に、女性が夢見るのは、何と言っても結婚式だ。

手相家のNさんの手相鑑定に来たお客さんで、「色情因縁（色事で悪運を呼ぶ因縁）がありますね」と言ったら、「あ、やっぱり結婚式場は大事ですよねぇ。やっぱり日本閣がいいでしょうか」「いや、そういう意味じゃないんです」という変な思い込みのやりとりもあった程、女性にとって結婚式のイメージは大きい。

結婚式と言ってもクライマックスは和服じゃなく、ドレスを着て新郎新婦が手を結ぶキャンドルサービスの瞬間だ。

「さあ、ただいまから新郎新婦の新しいスタートの灯し火が灯ります」

というアナウンスと同時に順番に火をつけて行く。

すると中には友達がいじわるして、ロウソクの上にコップで水やビールをかけたりしていてなかなか火がつかない。でも「やっとついた～」と言って、パチパチパチっていうあの瞬間、あれだ。そのイメージを三十数年描き続けているけれども、全然実現しないというイメージ倒れの人もいるものだが。

女性は性的好みで男を選ぶ。高い声は直そう

さて、世の女性達は、どういう基準で男性を伴侶として選ぶのか。そもそも、

そういう一般基準はあるのか？

それは間違いなくある。

女性がパートナーを選んでいくとき、潜在意識の八〇％から九〇％までは性的な好みで選んでいる。たとえば抱擁された瞬間に、肩幅が狭い人、あるいは声がえらく高いのは嫌われる。カン高い声で「こんばんは、お元気ですか。僕と一緒に暮らしませんか」なんて言う男はもう絶対だめだ。

だから、私が見て、なかなか縁談がうまくいかない男性は、えらく声の高い人だ。これはだめだ。だから低音で、テノールをバリトンに変えることから始める。

「あ、あ、あ、わてが雁之助だんねん。わてが守護霊だす」とか、低音で、

「♪逃～げた～女房にゃ、あ、あ、あ、結婚してください」とか、とにかく発声練習は随分大事だ。

それと囁《ささや》き。女性はデートしたときの囁きを連想するわけだから。（高い声で）「君は最高だ、きれいだね」とか、公園で散歩してるときに、（高い声で）「あっちのほうへ行きましょうか」なんて言ったら、忍者ハットリくんかと思われる。女性は全然ロマンのムードに浸りきれない。ともかく声の高い男性は、これはも

っと低音の練習をしたほうがいい。

女性からするとデートのときのムードはすごく大切だ。抱かれたときの瞬間、肩幅が広くて、自分より背が高くて、真ん中か真ん中よりも下ぐらいの声で、やわらか～いような声の人なら一発だ。

で、スーツがピッと似合って、レストランへしょっちゅう連れていってくれて、おみやげをくれるというのならばノープロブレムだ。ケーキをくれる、花束をくれる。必ず別れる前に一言、「君はすてきだね」と歯の浮くようなことを言ってくれる男性。歯を浮かしながら、「今夜の君は最高だったよ、愛してる」とかなんとか。そのロマン。それがない男性だと、女性はどうしても結婚に踏み切れない。

こういう女心の機微がわかっていると、男性はそのあたりを気をつければ、大して学歴もよくないし、頭もよくないし、出世もしていない、さらに運も悪くて……という男性でも、次々と女性とうまくいく。男の目で観ると、どこがいいんだと思うような男でも、女性を惹きつける。

要するに女性は、その酔える瞬間を期待するのだ。大体肩幅が広くて、声が真ん中ぐらい。そういう男性に次々次々女性は惹かれていく。だから、男性を選ぶ基準は、男性の中身じゃない。やっぱり性的な好みが九割。ムードというのがない男性には、どんなにいい人だと思っても結婚には踏み切れないのである。

これが世の女性の、男性を選ぶ一般的な基準だ。ばかみたい、と思うかも知れないが真実だから仕方がない。逆に、この基準を知っていると、その逆を突くことによって抜群の良縁をつかむことも可能になる。

角隠《つのかく》しは古代の叡智

話は変わるが、昔の結婚制度は良かった！

隣近所の家と家の結婚では角隠《つのかく》しをしていた。あれは私たちのご先祖の叡智である。だれでも結婚できるからだ。あれだったら、真っ白にして、おまけに首から上をおおうような角隠《つのかく》し……、つまりそれによって新婦の面相がわからない。

「私、何か角隠しして、結婚するまで夫の顔が見れないまま結婚させられましてね」なんて、時々おばあさんが言ったりするが、それがどうしたのかと私は思う。

このおばあちゃんの昔の顔がどんなにきれいと言ってもたかが知れている。小鼻が目一杯張ってて、大きな口のおばあちゃんで、目が一重まぶたで、どんなにきれいと連想しても、それは限度がある。それでも結婚できたのは、角隠しのおかげだ。

今は皆さん、大変不幸な時代にいる。素顔をそのまま出さなきゃいけない。だからもうファッション、美容が命。一重まぶたでもテープを貼れば二重になれるし、厚ぼったいまぶたでも、シャドウを入れて、しかもシャドウも二段階にしてやると立体的になる。

ファンデーションのダークのやつを入れると鼻が高く見える。口紅でも、やや黒めの濃いやつを下にして、真ん中にいわゆる薄いのをすると、プクッとする。口は大きくはならないけど、立体的に色っぽく見える。あのメイクのやり方で、いくらでも自在に変えられるのだ。

現代で一番幸せな人は、ノッペリした顔の人だ。どのようにもお化粧できるから。ある程度完成度の高い顔の人はいじりようがないから、かえってあるレベル以上は超えられない。本当に不幸な話だ。ハンペンに目鼻をつけたようなノッペリ顔になりたいものだ（というのは冗談だが）。

女性は性的好みを越えれば後天《こうてん》の結びが出来る

要するに、縁の結びというのは自分自身、まず己を知るということだ。己の顔はどんな顔か。知ってから改善したらいい。どんなに神だのみで目に見えない縁を結んでも、それだけじゃダメ。まず女性の場合は、目上の人と仲よく、叱られ上手になることを目指そう。まず「はいっ」と素直に言う。腹の奥でこんちきしょうめと思っていても、「はい」と言って、目上の上司にアタックして、可愛がられる、気にいられる練習をすることが結婚で運を呼ぶまず第一である。

これが家系から、あるいは生まれ育った環境から来《きた》る因縁を越えられる方法である。因縁を越えるということは、対社会や家庭環境からできあがってきた自分の性格、物の考え方、性癖、性的な好みや傾向を越えていくことだ。その努力をしないと本人の持った業は晴れない。

だから、目上の、上司の男性とうまくやっていけるように、叱られ上手になるということ。それから、男性に対しては中身を見ていって、逆に言うと一般にもてなくて売れ残りがちな、肩幅が狭くて声の高い人と結婚する努力をすると、一流大学を出て、頭がよくて、運のいい人と結婚できる。

自分の性癖を優先するにしても、まあ、二十三、四なら希望を言っていいと思うけれど、二十八、九や三十一、二ではそんなに言えるものではないだろう。江戸時代にタイムマシンで戻れば角隠しもあるからそれでも大丈夫だろうけれど、年齢は隠せない。しかし、数年前よりも相対的に晩婚型になっているから、昔よりも二年ないし三年ぐらいプラスアルファして、スライドして考えてみるのがいい。

そういうところに気をつけて、努力の方向を一歩あるいは二歩踏み出すと、先天の世界を変える後天（努力）の効果がバーッと出てくる。

先天《せんてん》の結びと後天の結びの相互作用

この章で私が述べていることは、後天の結び、つまり自分で行う性格直しが大事だということだ。これをきちんとやらないと、いくら私がお取次する『縁結び秘法』を受けて先天の結びを変えても、元にもどりやすい。相手が出来たり、何か誘いがあったり、電話が多くなったり、出会いがあっても、出会いが多くなっただけでまたさようならと帰っていくことをくり返すことになる。

神様は突然の出会いはいくらでもつくってくれる。ところが、やっぱりそれが結実するかどうかという場合の障害になるものは、自分自身の中にあるということに意外に気がつかない。自分自身をまだよく知っていないからだ。

どういう傾向があって、その傾向がいいのか悪いのかを知らない。いいんだったらいいのだが、これは問題だなというときにはなるべく出さないように、少なくとも結婚後一年ぐらいまでは隠しておくようにしないといけない。これが己を知るということだ。

家族の環境、男性の好み、年齢、職業、まず己を知ることによって、一歩でも二歩でもいいから改善していくように、縁が結べるように努力するということが本当に大切だ。その一歩二歩を踏み出すと、三歩四歩五歩は目に見えない世界にいらっしゃる神様や守護霊が応援してくれて、努力がドーッと実ることになる。

そうなると、ドドドッと結婚できてしまうのだ。

だから、先天の世界（神仏の助け――よき異性と出会わせてくれる）と後天の世界（自分が努力――魅力的で異性に好かれる自分にする努力）の両方のアプローチをしないと、うまく結実しない。この先天の世界を神様にご指導いただくと、こうしなきゃと思っていても、なかなかできなかったことが、意外にやれるようになる。後天の努力がやりやすくなるのだ。

具体的には、わかっちゃいるけれどもできなかったのが、何となくやれるような気持ちになってくる。自然にそういうふうにやれるような環境が揃い、そういう気持ちになってくるのだ。これがやっぱり先天の世界の運気が変わった、神様が変えてくださったという一つの証だ。

それがない人は、わかっていても、しなきゃと思っていても出来ないとか、己をいくら知っていてもなかなかそれを直そうという気持ちにならないし、ある程度なっても環境が許さなかったりする。ところが神仏の応援という、先天の働きにより、その環境が少しずつ変わっていく。しなきゃしなきゃと思ったことがやれるような自分になってくると、こういうように功徳《くどく》が出てくるのである。この法則は、結婚運の結びだけではなく、仕事の結びでも同じだ。

関西人は明治人か、大正人か？

ところで、京都、滋賀、姫路、奈良、和歌山、九州もそうかもしれないが、関西の県の中部、田舎の方に住んでいる人は、悪く言えば主体性がない。

お父さんとお母さんがお見合いの相手の人と話し合って、両方が気に入って、本人がまだその人に会っていないのに結婚の日取りまで決めているということがある。関西の若者が、

「先生、どうしましょう、僕は……」

と相談に来たことが何度もある。

どうしましょうかって、嫌と言えばいいじゃないかと、私は答えるのだが。そういう話を聞くと「えっと、今は平成だったたっけ。明治だったたっけ。大正だったたっけ」と、年代を錯覚してしまう。東京、千葉、埼玉、神奈川、茨城でそんな人はいないだろう。考えられないことだ。本人が結婚するのか、家が結婚するのか。

関東圏で、お父さんが勝手に結納したらどうなる？　私は行かないからと言えば終わりだし、そうしなさいという両親もいないだろう。

ところが、和歌山、滋賀、京都といった関西の、とりわけ田舎の方では今なおそうだ。親戚同士で大体決めたとか、親戚に言わなかったらえらくもめて、もう一度親戚と話して、話を通した人ともう一回やり直すとかごちゃごちゃだ。

「もうあんた年齢がこうなんだし、あの人がいいから」

と親戚も言うし、親も言うと、本人もそうかなあと結婚してしまうところがある。

そういう人が悩みの相談に来ると、はっきりしたらどうだと思うのだが、そのエリアではそうなのだ。考えようによっては幸せなことだ。だから結婚するなら和歌山に引っ越ししたらすぐいけるかもしれない。和歌山県人として生まれ変わってくるという手もある。

そこでは今でも、大体、二十三か四ぐらいで結婚する。二十六とか七といったらもうかなり大変で、『恋の守護霊』（深見東州著／たちばな出版刊）という本にあるように、東京に出て来るしかない。東京なら若いわね、まだまだねなんて言われて、三十四、五でも独身で堂々と生きていける。仙台でもそうだ。それが、関西地方では今でもそうなので不思議な事だ。

ではここで、おめでたい話を一つ。

ある手相家さんが手相を見た人の話であるが、御魂同士の縁結びの後天的な一つの努力の証なので紹介しよう。

その手相家さんが手相を見た時に、大変喜んでいたこの人、私の行っている定例セミナーで、隣に座った人と婚約したというのである。たまたま隣に座った人と、

「どこからいらっしゃったんですか」

と話をしたそうだが、次に会ったときに、

「いや、また会いましたね」

と話がはずみ、それがもとで結婚したということだ。

ということは、後天的な努力の方向として、私の定例セミナーで、あなたの横に座った男性は神なる縁ありと考えていい。なぜ横に座るか、千何人もいる中で自分の隣に座るにはきっと縁《えにし》があるに違いないと、両方、初めからそう思ってて

いいのだ。左か、右か、よさそうなほうに縁があると思えばいいのだ。

男性は、隣に座った女性が、ちょっとよさそうだったら、きっと縁があると思う。お互いそう思ってるかもしれない。少なくとも神様ごとの好きな人たちがたくさん来ているのだから、セミナーで左右にいても何の不思議もない。

だから、女同士座ることはやめたほうがいい。必ず男性の隣が女性になるように、男女、男女と座る努力をすることだ。

そしてパッと見て、隣の人が、「あ、もう結婚しておりまして、妻が」と言ったら、あ、きょうは外れと、また来月だというふうにすれば、セミナーは一年に十二回として、三年間に三十六回ある。大体、ルーレットでもそれぐらいに一回当たりが出る。だからなるべく、独身の方は、男同士女同士座らないで、異性の隣に座る。若そうでももう結婚している人はいるから、それは当たりもあれば外れもある。なにはともあれ、なるべく女性も名刺を用意しておく方がいい。

この章は、女性に的を絞って書いた感じがあるが、男性も女性も同じだ。声の高い男性は低音で、女性なら、いつも気難しい顔の人はにこやかにすることだ。

よく、岡本綾子が二メートルのパットを逃がしたときには「チェッ」とする、ああいう顔をずっとしている女性がいる。そうじゃなくてナイスショットの岡本綾子の笑顔。この顔でずーっといけばいいのだ。

男性も女性もそれぐらいしていかないと、初めての出会いのチャンスをなかなか物にできない。そういう努力をするところに、神々様は微笑みかけてくれるのだ。

自分を変える努力というのは、本当に大切なのだ。

究極の
恋愛成就法
基礎編

第3章

思いどおりに恋をかなえるには？

いよいよ、ここから「パリ・コレクション」フランス流恋愛術に入りたい。
と言っても、読者のみなさんは大体日本にいるわけだから、パリのサントノーレ通りのロンシャンのブティックに行って、どうのこうのと言っても、ちっとも実践的でない。そういうことが知りたい人は『地球の歩き方、フランス編』とか、どこかの旅行会社にあたるといい。

私が見てきた多くの人間の姿の中で、恋愛の名人達人と、恋愛の凡人、そして恋愛すれば必ずフラれる人と、三タイプいる。そのあたりの仕分けからやっていこう。

食べ物、健康、生活パターンにとらわれない

話はいきなり横道にそれるが、私はお肉でも野菜でも何でも、有害食品でも自然食でも関係なく平気で食べる。

しかも、人の何倍の体力を誇っている。二日も三日も寝なくとも平気だ。よく規則正しい生活などと言うけれど、何で規則正しい生活をしなければいけないのだろうか？　規則正しい生活をしていた結果ストレスをためて、多くの人々がガンになっている。なるときはなるのだ。だったら、なる寸前までは好きなように生きた方がいい。

人間は御魂磨きのために生まれてきたのであって、健康になるために生まれてきたのではない。不健康がいいという意味ではないが、健康管理、健康管理、健康管理とお念仏みたいに唱えていて、ちょっと胃がムカムカすると、「ガンじゃないだろうか」とか、ちょっと血の気が引くと「エイズかな」と思ったり、そういう医学の知識が発達すれば発達するほど何かの病気じゃないかと思って、ノイ

ローゼになる。

健康管理をすればするほど気持ちが小さくなってきて、想念と思いが逼塞《ひっそく》してくるのだ。それがわかったので、私は、不規則な日々を送っている。

だから、朝食からいきなりステーキを食べたり、寝る前にドッカリ四人前焼ソバを食べたりで、おかげで太った。確かに医学は正しいところもあるなあと思う。しかし食べ物と霊能力は全く関係ない。食べ物で影響されるような霊格とか、霊力というのは低いものだ。

それから生活のパターン。これも全く関係ない。

人間は、食べ物とか生活のパターンだとか時間だとか、気にしないことだ。心を自由に持って、自在に持って、何であってもおいしい、最高の食べ物だと思うと、体の中にそれを消化していく成分が出てくる。ほんとうにこのファンタ、果汁ゼロって体にいいなあ。本来無一物《ほんらいむいちもつ》から出ているんだから、いいじゃないかと思って喜んで飲んだら、超えていくだけの成分が体から出てくる。

睡眠だって、昨夜何時に寝たと計算するから何時間しか寝てないと思う。すると、しまった寝不足だ、と思ってしまう。人間には心、意識がある。だから、体力の強い人、弱い人の差が出てくるのだ。病は気からというけれど、気とは意識であり、思いであり、心だ。

その部分があるから、この健康食品はいいと思って食べていても、しばらくしたら体がそれになじんできて効かなくなってくる。それで新しい健康食品に飛びついてこれがいいと思っていたら、またしばらくしたら体がなじんできて効かなくなる。だから、健康食品産業は繁栄しているわけだ。ある程度は知識として、栄養についても知っておいた方がよいが、気にし過ぎることはもっと問題である。

そんなアレコレこだわるようでは恋愛成就はおぼつかない。モーツァルトのドン・ジョバンニにしても、光源氏とか在原業平にしても、恋にうつつを抜かして成功率抜群というような人で、健康管理とか、睡眠時間は最低六時間確保して……なんて気にする人はいない。

恋とは、非常識な努力、非日常を屁とも思わない境地の人こそ勝利しうるのだ。

偏屈・頑固が多い玄米食主義者

私は菜食主義もやめて、肉でも野菜でも何でも、目の前にあるものが最高だと思って食べる。

楽しんで充実して生きればいいのであって、要するに心で悩んだり、思い込んだりなど、想念をマイナス的に持たずに、明るく元気にエネルギッシュに、元気に思っているから、体力も精神力も気力も続く。自分が出している想念で、自分ががんじがらめになって病気になるという、その力のほうが体に強く影響する。

菜食、肉食、ビタミン、レシチンの働き、あれが体にいい、これが体にいいということは、確かに医学的根拠から見てあるのだろうが、一番大きい原因かと考えたら、そうではない。複合汚染で、日本人がどんどん死ぬなんて言われても、日本はこんな世界一の長寿国なのである。

学説によって、昔は食べてよくないといわれたのが今はいいとか変わると、じゃあ、あのとき、コレステロールがたまるからよくないなんて真に受けて卵を食べなかった人は、人生どうなるんだ、ということになる。卵好きだったのに食べなかった人生はどう弁償してくれる、とそう思う。

少しは参考にしなきゃいけないかもしれないが、そんなに大げさに考えることはないのだ。それよりも、偏屈で頑固な人が多いのが、玄米食をやっている人だ。さらに、菜食主義の人。大体、顔色がよくない。動物性たんぱくをとらないから、すごく平和な人が多いが、瞬発力がない。持続力はあるというのだが。

私は一時、片寄った菜食主義に凝った人間で、当時私の体温は低かった。ＵＦＯも好きだったし、玄米も好きだった。だが、そうやって玄米ばかり食べてたら顔がほんとに化け物の顔になってしまった。体温が低く、触ると、死人の様な感じだった。

それで、持続力はあると言ってもどんなものか？　菜食主義者が言うには、必須アミノ酸のうちの、動物性は二種類だけで、その二種類の動物性というのは成長に必要な時期のアミノ酸である。しかし成人になったら成長よりも維持する側に体は移行する。ゆえに必須アミノ酸のうち、肉以外から取れる（野菜から取れる）八つのもので充分だ。よって、お肉は要らないという理論を立てる。

ところがそれではやっぱり瞬発力がない。私も、肉を食べないと、極度の集中を必要とする救霊《きゅうれい》のとき、たたりの霊になかなか勝てない。瞬発力がなければ、このせわしない世の中では勝てないし、お客様を相手に営業したり、接待しなきゃならない人間が、菜食を維持しながらというのはまず無理だ。

食べ物は、バランスがよかったらいいわけで、社会生活に支障を来《きた》してはどうしようもない。果汁が入っていてもいなくても、色つきでも天然の色でも、もうそれぞれに楽しい。口の中は真っ赤とか紫にして、子供が食べて喜んでいるが、いいではないか。彼らは、人の何倍も元気だ。

このように、一つのことを固定的に思った人というのは、玄米食にしても、あんまり長生きしていない。私は玄米食信奉者の共通項を発見したが、十人中十人まで頑固者だ。で、何で死ぬかというと、大体ガンで死んでいる。ガンは頑固(ガンコ)な人がなるものなのである。

やっぱり魂の柔軟さが必要で、魂を内にもった肉体はその媒体となる。健康のほうがもちろんいいが、その根源的な健康のもとは何なのか。気だ。意識、心だ。それをだめにするのは思い込み、頑固さだ。だから、健康管理もあんまりやり過ぎたら病気になる。

恋する人がいたとして、こういう人が病気になったらどうなるか？　悲しい恋は実るか？　実らないのだ！

こういう頑固な人は入院したとしたら、わがままで手に負えない。せっかくお見舞いに来てくれたその相手がファンタやコーラを持って来ているのに、「俺を殺す気か？」とか言って説教したりする。

要するに可愛くない。だから「勝手にすれば！」ということになって、悲しい一生を閉じるのである。つまり究極の恋愛破滅法というわけだ。

くたびれもうけのボディービル

私の経験を少し話そう。私のくやしい体験だ。

私はある時から玄米食、菜食主義の人間になったのだが、ボディービルをして筋肉隆々になろうと決めた。太陽よりも早く起きて体をきたえた。おかげで、それまでは冷え症で十月ぐらいから下着、パッチをはかなきゃいけなかったのが平気になって、そのときから、今でも一年中春夏秋冬、ランニングとパンツ一丁でオーケーだ（とは言ってもそんな姿でいつもいる訳ではないが……）。

それまでは冷え症で、長そでを着て縮み上がっていた。皮膚を鍛えたらいいんだとか、男らしさの追求もテーマにしていた。それでトレパン、トレシャツで、冬の寒い四時、五時に起きて、ランニングをした。こうして私は冬に勝った。太陽に勝った。おのれに勝ったと言って喜んでいたのだ。そこまではいい。

ところが菜食主義だったから、筋骨隆々となっても、二日か三日するとすぐ筋肉が消えてしまうのだ。

「あら〜？　あんなに筋肉がついたのに、四日たったらまた筋肉がなくなっちゃった」

くそーっと思って、また一生懸命やる。ベンチプレスだとか、せっせとやる。そうするとまた筋骨隆々になる。こうやって、また鏡を見て、「また男らしくなった、筋肉ムキムキ」と自己陶酔にひたる。ところが五日たったら、またペシャンとなっているのだ。ほんとに矛盾した話だ。今から思えばもう少し肉を食べておけば、筋肉がもっとできたのに、くたびれもうけだったのだ。そういうふうな学生時代を私は送っていた。

今の女性が筋肉マンが好きかどうか知らないが、たくましい肉体で女性を惹きつけたいのなら、玄米菜食ではダメだということもつけ加えておこう。

悪い霊を寄せつけない体質改善

肉体の話だけでなく、霊的な体質についてはどうか。

便秘とか、子供が「怖い、怖い」と言うのは、大体ご先祖さんの系統の霊障が多い。

それから、よく霊に憑《つ》かれやすいという体質の人は、筋肉を鍛えて、おのれに対して勝っていくんだというふうな日々を送ると、その意志の力が剣《つるぎ》になるから、あまり霊がやってこなくなる。また、来ても気にならなくなる。

あっ霊が来るな、霊が来るな。霊じゃないかな、霊じゃないかな。ほら、やっぱり来た～と恐がっている人。そんな人は、あっち行ってくれ、あっち行ってくれと言いながら、気にすれば気にするほど霊が追ってくるから、自分に勝っていく強い意志力を持つことが一番大切だ。そうすれば寄せつけない。それから、筋肉を鍛えていく運動力が、物事を気にしないという大らかな霊界を広くするので、さらに霊に憑かれたりしなくなる。これが霊に憑かれやすい体質を改善する方法だ。

大体、悪い霊に憑かれやすい人は、見てくれからして邪霊みたいになっているから、魅力的で普通以上の異性が寄ってくるわけがない。

それと、簡単な方法として『強運』（深見東州著／たちばな出版刊）に書いてある悪霊を祓《はら》う咒《じゆ》を唱える方法がある。しかしこれも、「霊よ来るなよ、来るなよ」、「来たのか、来たな」と思いながらその咒を唱えてももう霊に負けてしまっているからだめだ。

ところが、「霊なんかに負けはせん、絶対負けるもんか」と言って、悪霊を祓う咒を唱えると、霊のほうも、咒の言葉の奥の霊界が強くて大きいから逃げていく。悪霊を追い払うだけの力になるのである。

揺れる恋心、どうすれば結婚に？

恋愛というのは、心の働きであり、想いだ。その想いを絶対的に遂げるということはどういうことか。想いというのは、心中の座、「心座《しんざ》」に発する。この仕組みは、知らない人が多いと思うから説明しよう。

恋愛をすれば誰でもわかるが、心、想いはグラグラに揺れる。

「あの人が私をチラッと見た。もしかしたら……」

「すれ違った時に肩が触れた。そしたら表情が変わった……」

とにかく大変。うれしいこともあるが、苦しい方がよほど多い。人の心はコロコロ変わるけれど、恋ほど良く変わる働きもない。

こういう心の働きを何とかしないと、しまいには、仕事も学業も何も手につかなくなるということも良くある。そこで、中には座禅をしたりする人もあるけれど、大体十五分も座っていられない。それは心座というものがグラグラしていて、その上にのっかっている御魂もグラグラしているからだ。

こういうふうに恋に苦しんでいる人というのは、ハタから見ていて相当にみっともない。可愛くはあるけれど。

そこで、心の安定は、どうしたら得られるかということになる。異性から見て、なんといっても安定している人の方が安心もでき、頼もしくもあるからだ。

魂《たましい》を「静《せい》」に保つ方法

そこで御魂の中に、台《うてな》をどうつくるのかということになる。それが心中の座、心座だ。白隠禅師《はくいんぜんじ》は、山の中で座禅し、瞑想することによって得られる境地を『静中《せいちゅう》の静《せい》』と言った。

ところが山の中ではよかったのだが、いざ社会におり、現実におりてきて仕事をする、月末のやりくりをする、嫁さんと葛藤する、魅力的な異性が現われる、そうするとたちまちのうちに、山の中で座禅した、その清浄なる心は、がちゃがちゃに揺れ動く。

それでも揺れ動かないのを『動中《どうちゅう》の静』と言ったわけだ。静中の静に対し、これは動中の静。両方が備わらなければいけないことを悟ったのである。

目に見えない自分の台というのは、静と動の二極がある。静中の静も、動中の静も、それを体得するには修業が必要となるが、その根本は以下のようなことだ。「静」は心がざわめく時に、呼吸をまず整えて、ゆっくり吐いてゆっくり吸って、ゆっくり吐いてゆっくり吸って、呼吸をまず整える。そういう神霊界のお城（心座）というのは、作るというよりも、実はもともとあるものである。それを観念とか欲望とか、特に年齢が雲になって、霊界で隠してしまっているのだ。それを表面上の呼吸から整えていくと、魂の奥にある、ほんとうの呼吸が動き出す。これを胎息という。

赤ちゃんの呼吸が胎息《たいそく》と言われる。赤ちゃんは母の胎内では酸素を吸わない。だけど生きている。これを先天《せんてん》の世界という。

どうして生きていられるかと言うと、先天の気を吸収して呼吸をしているのだ。羊水が割れて外へ出てきて、オギャーと言って、はーっと初めて息をする。それから後天《こうてん》が始まるのだ。お腹の中の赤ちゃんがフーフー、フーフー呼吸したらお母さんのお腹がブクブクで、バブルスターみたいになってしまうであろう。

そういう胎息になるまで息をゆっくり整えていけばいい。外の呼吸を整えて体の中の胎息が始まると、今度は、足の裏が呼吸を始める。修験者の祖といわれる役小角《えんのおずね》の霊などは、鉄腕アトムが空を飛ぶみたいに、足の裏から火が出ているみたいな感じだ。そういう足の裏の呼吸になる。

こういうふうになってきたら、もともと持っている力が出てくる。自分の心の座が自然と感じられてくる。胸のチャクラの中の、水晶の玉の中に自分がいると思ったらいい。水晶の玉に自分がいて、その自分が拝んでいるというつもりで拝んでいたら、この中でも拝んでいる。これが自分の心の中の座、心座、心中の座だ。静の場合はそういうふうになる。本来あるべきものなのだが、それを人は隠しているのだ。

そして、そういうふうにあるんだというつもりで祈ると、心、胸が安定する。恋心で千々に乱れていても、スッとおだやかになるのだ。私が行う『チャクラを開ける秘法』を受けたら、みんな胸に風穴が開いたようになり、心の中の自分が出てくる。自分でする努力としては、いつも、胸で「ありがとうございます」と言って、胸で感謝するようにすることだ。そうすると、心の中の、心座の中の自分がそう言っている状態を作り出すことができる。こうして得られるのが、静中の静の境地である。

感性というのは、おでこの奥に奇魂《くしみたま》があってパッと直感するものだ。おでこの奥の、奇魂によるパッというヒラメキは、文字を超えた直感だが、私のおでこがあなたを恋して、熱くて熱くてもう、頭の恋を理解してくださいというようにはならない。また、腹霊というのはお腹にあるが、大体、恋というのはお腹でしない。私の大腸はあなたのことを思って……となると、おならになってしまう。おでこでも腹でもなく、やっぱり恋は胸なのだ。

ああ、あの恋しいヨシオさんは今ごろどうしているかしら。どうしているかしら。たこ焼き食べてる。おひつまぶしを食べているかしらと胸で思う。要するに想念とか思いというのは胸の働きなのだ。

「この私の思いを知ってください。この私の思いを知ってください。この私の思いを知ってください」というのは胸で思うのである。恋をするのは思い。自分の思いとは、心座、胸、心のチャクラだ。ここにお城（迷いのない状態）をつくらなきゃいけない。これが静中の静である。

没入、忘我で顕現する動中《どうちゅう》の静

「忙中閑あり」という言葉があるが、動中の静はそれに少し似ている。この動とは何なのか。動の中に不動のお城をつくろうと思ったら、他のことを一切忘れて、とにかく夢中で情熱を持って、何事かに打ち込むことだ。

例えば、押し花パウチ作りに命をかける。祝詞《のりと》を何万回もあげる。一心不乱に祈るか一心不乱に絵を描くか、一心不乱に書を書くか。一心不乱にパチンコで777をねらうか。何でもいいが、ともかく打ち込む。白隠さんは言っている。

「とろとろとろとろ眠るような禅をするぐらいなら、ねじり鉢巻きをして朝までばくちをやれ。よほどそのほうが禅の道にかなっている」

と。

一つの物事に没入、徹底して、我を忘れた状態というのは、動中の静の中で目に見えざる自分の台《うてな》が開いている時なのだ。ああだろうか、こうだろうかなんて念が頭にあるうちはまだだめだ。とにかく目の前のことに意識を向けて、明日のことも昨日のことも考えない。自分の顔の悪いことも、失恋のことも全部忘れてグワーッと集中しているとき、それが台が輝いているとき、御魂が発動《はつどう》しているときなのだ。

いかなるときにもそれができるような人間が、動中の静をきわめた人間であるといえる。会社が潰れようと、大丈夫。また再建したらいいんだと動じない。失恋しても、また次を見つければいい。こんな顔なら、あっ、手術したらいいんだと結論が早い。両親が亡くなったら供養すればいいんだ、ということだ。

もちろん、悲しくて一時は泣くかもしれない。しかし、一時泣いたらもういい。いかなる人生のドラマがあったとしても、すぐもとへパッと返って、目の前のことに没入できる。これは、動中の静を体得している人ならできるのだ。

こうなっていない人は、動中の動。要するに状況にふり回されっぱなしだ。

今日は気持ちがいいわなんて言うんだけれども、月末の支払いどうなりますかと電話がかかってくると、途端にもうノイローゼ。子供が死んだ。親が死んだ。恋人と別れた。会社が潰れそうになっている。ボーナスがない。上司に「バカモン！」と言われた。髪の毛が薄くなったのを気にしているときに、ご近所のいいそなあと思ってる女の人が来て、「はげ」って言って、道を通り過ぎていった。その度にだめだと、たちまちのうちに動中の静が壊れてしまう。

気にしなければいいのだ。ああ、そうだ、私ははげている。そうとも私の目標はユル・ブリンナーの全盛期、顔のつくりは少し違うけど、でも、まあユル・ブリンナーのここだけはまねできる！　とか。

そう、開き直ったらいいのだ。はげははげらしく自信を持ったらいい。「でぶ」って言われてもいいじゃないか。悔しかったら太ってみろと、八十歳のおじいさんで、七十キロ、八十キロって人は見たことないだろう。みんなそのうちやせるのだ。古稀《こき》のお祝いに体重を減らそうかななんて人はいない。何もしなくても、七十過ぎたらやせるのに、何も若いうちにやせなければ、と焦ることはない。

八十、七十まで生きたらどのみちやせるんだから、若い間は少し太っていたほうが、太いのと細いのと両方人生が経験できていいじゃないか。ずっと細いと、太さを知らないまま死んでいくので、実に残念というものだ。こう開き直って、自らの境地をこわさないようにすればいい。

動中の静。何があってもパッともとへ戻って、目の前の事柄に没入できるという人が、これが最高の境地だ。

静中の静と動中の静、これを完璧にマスターする人は、多くはない。かなり神人合一した人だ。これは原理論なのだが、そこまで達することができれば、究極の恋愛成就法の基礎編は終了となる。

究極の恋愛成就法実践編

第4章

他心通《たしんつう》で知り得た多くの人の悩み

こういう話を延々と書いていると、私は何度結婚したのか、何度離婚したのかと誤解されるかも知れない。だが、そんなことはない。

ただ言えることは、ご近所の奥様方の話とか、いろんな結婚、離婚をする方とか、知り合いのお茶の先生のお話を、はあ~と観察してきたからだ。

例えば、A先生という先生がいらっしゃるが、その方から聞いた、その虚々実々、悲喜こもごもの家庭生活を、「はあ~」と、あたかも自分が経験したかのごとく没入して聞いていく。それで「はあ~、結婚しなくてよかった」と思ったり……。それで「うん、やはり、神業のためにはこのほうがいいなあ」と悟り直すわけだ。この、人の心に自分の心を同調させて読み取る神通力(これを他心通という）を私がマスターしたおかげで、その人の中に入っていって、その人が経験したことを、あたかも自分が経験したかのごとく、知れるのだ。

ところで前述の基礎編は、原理論だから少し難しかったかも知れない。今度はいたって具体的に、あなたが今日にでも実践できるテクニックを紹介しよう。

ただし、これから書くことはものすごく見えすいた手口だから、上手に使ってほしい。アプローチする相手に軽く見られたらおしまいだ。使いやすいアッシー君、ミツグ君扱いされてしまう。

くれぐれも、前述の静の心境で行っていただきたい。そうでないと、お金と労力をドブに捨てるのと同じになるかもしれないからだ。

小まめに電話をかける

恋愛している人は恋愛で悩み、結婚している人は結婚生活で悩む。結婚生活にも恋愛中にも訪れる危機、悩みにどう対処したらいいのか？

たとえば、やっと射とめたかわいい奥さんがいる男性。この方が新しく会社を持つとか、出張や接待でなかなか時間が取れない……、それで奥さんと険悪の仲になった。

「危険状態でございます、危ない。もう、いつまでもつかわかりません」

という相談を受ける。

こういう時に私は三つの方法を教えてあげる（これは女性を喜ばせる三大秘策だ）。

一つは、一日一回、必ず電話をかける。

「元気にやってる？」

と、五分でも十分でもいいから電話をかけることだ。子供がいたら、

「子供はどうしてる？」

と聞いてあげる。

「ああだこうだ」「うん、そうか。今忙しくて、こういう状態で新しく会社をつくっているから、家になかなか帰れない。今、こういう状態で、仕事はこうなっているんだ。家に帰りたいけれども済まないね。こういう状態なんだよ」

と、小まめに電話をして説明してあげると理解してもらえる。自分のことを忘

れていないと確信できるわけだから、奥さんも安心する。とりあえずはこれで二人の間はOKだ。

恋愛中でも同じことだ。ただこの場合は、結婚関係ほど固定された関係でないわけだから、デートに行けないとかいうのであれば、電話だけじゃなくて、出向いて謝るくらいの努力は必要となる。

レストランに誘う

女性を喜ばせる第二番目は何かというと、必ず、月に一回でも二回でもいいから、ともかく外へ呼んでレストランに誘えばいい。一番いいのは、ホテルの中のレストラン。そこで一人前二千五百円以上のものを頼むことだ。

ある時、私がそう言ったのを、植松先生が聞いていて、

「細かいわねえ」

とおっしゃっていたけれども、この細かさがカギである。独身の場合には五千円以上でなければならない。これから結婚しようかという場合には、大体五千円

から六千円以上のホテルのレストランへ行って、コースでも取る。女性というのはおしゃれをしたい。せっかく一張羅、法事か結婚式用の服とか、同窓会のために洋服を買っていて、きれいなアクセサリーも揃えていても、それを着るチャンスがない女性は多いものだ。子供が四歳ぐらいになったら、奥さんにそれを着るチャンスをあげるのだ。

それからファンデーションも、ランコムとか、イブ・サンローランの十九番とかの口紅がともかくちゃんと用意してある。

普段使うチャンスがない服も、ホテルのレストランに行くとなると、モスノー(防虫剤)を入れてしまっていたのを臭いを払いながら着る。そして、宝石ボックスの中に入っていた、八千円ぐらいのアクセサリーとかをちゃんとつけて、ルンルンルンとおでましになる。

ホテルのレストランに行って、カレーライスが千二百円か、ちょっと何かサラダを取ると二千五百円か。コースでもいいが……。最低二千五百円以上のものを頼んで、

「めったに帰れないけれども済まんね」

と、相手が思っていることを言えばいい。

「母子家庭みたいで悪いけれども、今、会社がこういう事情でね」

と言って、一カ月に一回でいいから、ホテルのレストランに連れていくと、奥さんはおしゃれができるし、すべて丸く納まる。

「きれいだね。この洋服」「いやだ、あなた。きれいだねって、あなたが買ってくれたんでしょう」「ああ、そうだった。今から五十何年前……」「そんなに古くないわ。結婚して十何年……」

ともかくいろいろ話してあげる。

何でこういうことを書くかというと、日本の男性は、自分の奥さんにこの程度のサービスさえもまったくしようとしないからだ。それでいて、

「うちのババアはいつも機嫌が悪くて……」

とか愚痴をいっている。ババアにしているのは自分なのに、気がついていない。

最近結婚しない女性が増えているのは、そういう自分の父親の母親に対する態度を見ていやになっているからだ。「結婚したら、私も三十ぐらいでババアになってしまう」というわけだ。

だから、独身の男性が、これは、と思う女性にアプローチするなら、やっぱりレストランに誘う。そうしたら、「ここの鴨は……」とか「このワインは八五年もので……」とかいう会話だけじゃなく、自分の結婚観をそれとなく伝えるのだ。

「僕達は若いけれど、四十になっても五十になっても、自分の妻になってくれる人とは、月に二回、いや週に一回は、こんなムードでゆったりと食事をしたいな。君はどう？」

といった具合に。

それでパクッと彼女が食いつくかどうかはわからないが、君に対する評価はグーンと上がるはずだ。ほとんどの女性は、不幸な結婚をすごく嫌っているけれど、幸せな結婚をそれ以上に望んでいるのだから。だから、幸せのイメージというのは、具体的に示したら強いパワーがあるのだ。

日本の男性がやらないから抜群の効果が

こういうふうに言うと、深見東州は何でそこまで知っているんだ。結婚サギを実践しているんじゃないかと思われるかも知れない。が、していない。私のするのは観察と研究だけだ。

　ところで、まず女性を誘う場所の一番は、なんといってもホテルのレストランがいい。おしゃれができるからである。二番目は、普通のレストラン。その次に和定食を食べさせてくれる和風のレストラン。その次にファミリーレストラン。次にどこかの喫茶店と。こういうふうにランクが落ちてくる。それでも、どこか外で食事をごちそうしてくれたということが奥さんとすればうれしいわけだ。フランスの男は普通にするのに、日本人ではめったにやらない。だから効果があるのだ。

結婚記念日と誕生日にはプレゼントを必ずする

　女性を喜ばせる三番目は何かというと、物を贈ることだ。

　私のセミナーにきた女性たちは、問答とか講義は忘れるけれども、アクセサリーは手元に残るし、もらったというそのことは強く印象に残って、大変感謝されるようだ。だから結婚記念日、それから誕生日も必ずプレゼントは忘れてはいけない。

結婚記念日と誕生日のときだけは、とにかくプレゼントだ。中身がたいしたことなくても、ラッピングが立派でリボンが大きかったら、大切にしているという気持ちが伝わって効果も大きい。

「君が、いつもいつも母子家庭みたいな中で家庭を守ってくれるから、僕は仕事ができるんだ。いつも感謝しているよ。ささやかだけども、これを君にあげるよ。お誕生日おめでとう」

そういうせりふを言ってほしいんだけれども、ほとんどのだんな族は言ってくれないのが悲しい現実だ。恋人だった時期、結婚する前はそうだったけれども、結婚して一年もたったたらしなくなる。そうやって、少なくとも結婚記念日と誕生日に、それからクリスマスのときには贈ってあげよう。

一番人気は、ティファニーだ。クリスマスに、ホテルやレストランには、ティファニーのラッピングがいっぱい置いてある。一万五千円ぐらいからあるし、ちょっと奮発しても三万出せば買える。

そこまでしなくても、という人は西友でもヨーカドーでも、衣料品売場へ行くと三千九百円からブラウスもスカートも売っている。それに五千八百円から六千九百円、それから八千九百円も出せば立派なセーターが買える。上下一万五千円以内の予算の枠内で立派な洋服も買えるのだ。

どうしたらいいかというと、そこのお店の店員さんに、「妻は身長がこうなんだけど」と相談する。奥さんが着ている色ぐあいを見ておいて、赤系統かブルー系統か目星をつけて、似たようなパターンをもう一個買ってあげるのだ。奥さんが持っているアクセサリーと類似のパターンをどこからか買ってくれば、「こういうのが好きなのよ。なぜわかったの？」と言うだろう。似たようなのを買ってきただけなんだけれど。

女性の好みというのはすぐわかる。その人の着ている洋服とか、色ぐあいとか、形。衿が大きいのをいつも着るとか、グレー系統が多いだとか、知らない方がおかしい。ベージュの色のやつで、身長が何センチと見当がついたら、センスがいい洋服を着ている店員さんに見立てを頼む。サイズがわからなかったら、奥さんと同じくらいの背格好の女性に聞く。これが「あなたも一日でセンスがよくなる」という秘法なのだ。

奥さんにプレゼントするから、と言うと、大体店員さんは自分のことのように喜んで選んでくれる。「ガールフレンドにプレゼントで」と言うと、それほど嬉しそうな顔はしないのが面白い。

とにかく、そこで、センスのいい女店員さんにお願いするのだ。

「身長が幾らぐらいで、ベージュ系統が好きで、衿が大きいのが多いです」

「ああ、それなら、こんなのいかがでしょうか」

「いいでしょうか」

「いいですよ、これ」

「ほんとうにいいですか」

「いいです。自信を持って言えます」

そうして選んでもらったものを買っていく。それで、

「君にこれ買ってきたんだけど」

と言うと、

「どうして、あなた、私にぴったりじゃありませんか」

と、奥さんは大感激。これで一年は愛が保たれる。

私の場合には、人にピッタリの洋服を選ぶ超能力を、神様から、イタリアに行ったときに授かったので、相手が好きな色とか形をぴたっと買える。これを『着物神通《しんつう》』という。相手が好きな色とか柄は、相手の顔を思い浮かべて奇魂《くしみたま》を呼ぶ。それで、その相手の奇魂が「うれしい」と言っているのを買うと、サイズも色もぴたりと合う。

逆に相手の奇魂が、「これ、嫌々」と言うと買わない。それでも買うとやっぱり合わない。だから、奇魂に聞いて買うとぴたりといくのだが、この必殺着物神通という神通力は、たいへん費用のかかる通力である。だから、ほとんど使わない。あまりにも自分が出費し過ぎるから、身がもたないのだ。

とにかく、そういうふうにするとまずはうまくいく。少なくとも、「男性からアクセサリーだけはいただきません」というような女性がいたなら、これは霊障者でしかないから相手にしないほうがいい。

大モテ男は大マメ男だ！

私が以前ある男性から聞いた話だが、毎日違う女性とデートしている大モテ男というのは、顔はみっともないし、学歴もないし、実力も全然ないし酒ばっかり飲んで、何でこの人がもてるんだ……と。

そういうもてる人を何人も何人も研究して、どこが違うか、どこが共通項か、彼は方程式を発見した。

それは一つ、非常にまめだということだ。例えば、ガールフレンドの誕生日が、全部ノートに書いてある。「君、きょう誕生日だろ？」「えっ、何で知ってるの？」「それは知ってるよ。君のことは」と言われたら、誰だって嬉しい。その人は小まめに、手帳に全部びっちり書いている。

その日になったら、「きょう誕生日でしょう？　これ」と言って、ケーキとかシュークリームをあげる。「行こうよ」と言って、スパゲッティを食べに行く。若い子だけじゃなく中年の方でも、お年を召している人でも、ちっちゃい子にも必ず声をかけてお愛想を言う。

おばさんはおばさん、主婦は主婦、独身は独身、若い子は若い子なりに、みんな等分に細やかに言葉をかけている。だから、だれも彼のことを悪く言わない。

「お元気ですか。この間、お体がチョット不調だって伺いましたが、大丈夫ですか」とか言うと、「よく覚えていますね」と喜ばれる。それも特定の人にだけしか話さないのではダメ。みんなに細やかに声をかける。そうすると、あなたは人気絶頂だ。

「あなたもやっぱり、どなたにもお声をかけて、まめで、素晴らしいですね」

と言われたけれども、

「私は、これは神様事をやる上においてやっているわけです」と答えた。

これは男性に限らず女性も、まめにする人は、「よく気がきくね」と言われて、やはりもてる。これは男女共通の法則だ。

相手の幸せポイントにアプローチ！

男性というのは、社会で自分の実力がどれだけ発揮できて、どれだけ実力があるのかが命である。いいかえれば、それは仕事における自分の表現力なのだ。

好きな女性と結婚しても、最終的には異性で幸せにはなれない。情感が冷めてくると、おれは何だったんだと思ってしまう。この社会で自分が思ったことが成就し、あるいは努力の結果が出てきて、社会で評価されているという人が、男性としての幸せをかみしめているのだ。

だから女性は、男性に実力をつけてあげて、社会に出て、その社会が評価してくれるような人間にする。そのために温かくも厳しくもすると、男の方はほんとうに男性としての幸せをかみしめる。自分をわかってくれる女性がいて、やりがいのある仕事があると幸せなのだ。

対して、男性が女性に尽くす上では、そんなことは全く関係なし。仕事のやりがいよりも、とにかく感情が満たされたか、感情が嬉しいかどうか。つまり、幸せのポイントが違うんだということが、多くの男女を見ていてわかってきた。女性でもいろんな女性がいるから一概に言えないが、大まかな共通項だ。そういうふうにどんな人間にも共通する幸せポイント、悲しみポイント、怒りポイントがある。

ともあれ、恋愛でも、結婚でも、そういう相手を満たしてあげるポイントをしっかりとつかんで、言葉をかけてあげたり、おしゃれをさせてあげたり、プレゼントをすることによって、幸せにしてあげることがポイント中のポイントだ。

そのために、言葉とお金を惜しむようでは、一生ひとりで、もてずに暮らすことになる。これは、あらゆる対人関係に共通することだが、恋愛を成就しようと思ったら、最も重要な神髄なのである。

おわりに

いかがだろうか。この本に記した方法を、皆様が役立てて下されば、人々の幸せを願う神霊家の私としては、こんなにうれしいことはない。

ところで、神霊家であり、結婚も恋愛も神の道のために捨てている私が、なぜこんなに恋愛心理にくわしいのか。本文中にも少しふれたが、実はここには三つの秘訣がある。私が「恋愛心理の専門家」となることができたのは、この三つの理由によるのだ。これを最後に示すので、「究極の恋愛成就法・研究編」として参考にしていただきたい。

まず第一は、「玉三郎の原理」である。

舞台での玉三郎は、女性以上に女性らしいとまで言われている。しかし、玉三郎は男性であるから、元々女性のようだったわけではない。けれど、男のような女形、男っぽい女形なんて、誰も見てくれないのだ。だから、女性って何だろう、どうしたら女性らしくなれるんだろう……と、寝ても覚めてもずっと観察し、研究している。その結果、「女性らしさ」のエッセンスを体得し、女性心理に没入して、舞台で女性になりきることができた。だから、無意識で行動している女性たちよりも、ずっと女性らしくなる。

私も同じだ。私のところには、「恋愛で悩んでるんです……」「実は結婚できなくて……」という相談の方が、山ほどいらっしゃる。その苦しみが伝わるから、なんとか解決してあげたいと思う。そして、人々の悩みを聞くために、恋愛って何だろう、どんな心理なんだろう、どうしたら成功するのだろう……と、数百組・数千組のカップルを研究し観察したのだ（もちろん、私の場合は神霊家なので、後に述べる他心通力も駆使している）。

その努力によって、自分で恋愛をしなくても、恋愛心理のエッセンスがわかるようになった。だから、何の研究もなく無意識に恋愛している人たちよりも、恋愛のことが分かるのだ。これが一番目。

また、今は恋愛も結婚も捨てているが、十代の後半から二十代前半のころには、私も人並みに恋愛のことで悩んだ。私の場合は悩むだけではなくて、古今東西の名作といわれる、あらゆる恋愛に関する純文学を読み尽くした。また、哲学書も次々と読んだ。それが後々、男女の心理とビヘイビア（行動）を研究する上での糧になったのである。これが二番目だ。

そして第三は、神霊家としての、他心通力を駆使しているからだ。恋愛の心理を読み取っているのである。しかしこの他心通力は、誰もが一朝一夕に持てるわけではない。しかも、この他心通力が、最終的に仏教でいう「漏尽通力《ろじんつうりき》」に結びついていないと意味がない。

恋愛の心理が読めるだけでは、問題は解決しない。それにもっとも適した解決策をズバリと示し、カップルを幸せに導けるという、漏尽通力が冴えわたってはじめて、他心通力が活きるのだ。この通力をもっと詳しく知りたい方は、『神界からの神通力』（深見東州著／たちばな出版刊）を参照していただきたいが、とにかくこの「漏尽通力」は、最終的には、いかに人々の幸せを心から願えるかというところに、一つのポイントがある。いわば、恋愛に悩み苦しむ人たちを、なんとか救ってさしあげたいという、人々への愛念が結集した時に、ズバリと通力があらわれるものなのだ。

だから、この『パリ・コレクション』で私は、多くの恋愛ノウハウを述べてきたが、それは自分の恋愛体験とかいうちっぽけなものから生まれたのではない。人々への愛が極まったときに授かったものである。いわばこの本自体が、皆さんへの「愛の結晶」なのだ。ぜひ、この本に満ちる愛の波動を受けて、幸せになっていただきたいと願う次第である。

深見東州氏の活動についてのお問い合わせは、下記までお願いいたします。
また、無料パンフレット(郵送料も無料)が請求できます。ご利用ください。

お問い合わせ　フリーダイヤル
0120 0120 - 50 - 7837

◎ワールドメイト総本部

〒410-2393
静岡県伊豆の国市立花3-162
TEL 0558-76-1060

東京本部	TEL	03-6861-3755
関西本部	TEL	0797-31-5662
札幌	TEL	011-864-9522
仙台	TEL	022-722-8671
千葉	TEL	043-201-6131
東京(新宿)	TEL	03-5321-6861
横浜	TEL	045-261-5440
名古屋	TEL	052-973-9078
岐阜	TEL	058-212-3061
大阪(心斎橋)	TEL	06-6241-8113
大阪(森の宮)	TEL	06-6966-9818
高松	TEL	087-831-4131
福岡	TEL	092-474-0208
熊本	TEL	096-213-3386

(平成25年3月現在)

◎ホームページ
http://www.worldmate.or.jp

携帯電話からの資料請求はこちら

にロイヤル・モニサラポン大十字勲章受章。またカンボジア政府より、モニサラポン・テポドン最高勲章、ならびにソワタラ勲章大勲位受章。ラオス政府より開発勲章受章。中国合唱事業特別貢献賞。西オーストラリア州芸術文化功労賞受賞。西オーストラリア州州都パース市、及びスワン市の名誉市民（「the keys to the City of Perth」、「the keys to the City of Swan」）。紺綬褒章受章。

西洋と東洋のあらゆる音楽や舞台芸術に精通し、世界中で多くの作品を発表、「現代のルネッサンスマン」と海外のマスコミなどで評される。声明の大家（故）天納傳中大僧正に師事、天台座主（天台宗総本山、比叡山延暦寺住職）の許可のもと在家得度、法名「東州」。臨済宗東福寺派管長の（故）福島慶道師に認められ、居士名「大岳」。ワールドメイト・リーダー。158万部を突破した『強運』をはじめ、人生論、経営論、文化論、宗教論、書画集、俳句集、小説、詩集など、文庫本を入れると著作は270冊以上に及び、7カ国語に訳され出版されている。その他、ラジオ、TVのパーソナリティーとしても知られ、多くのレギュラー実績がある。

（130531）

深見東州（半田晴久）の人気TV番組

●「サクセス登龍門」　―夢へ！学《まな》ビジョン―

メインキャスター半田晴久が、夢に向かって真摯に生きる若者を迎え、彼らが直面する問題の解決法や、挫折から立ち上がるヒントを与える！

※詳しくは「サクセス登龍門」番組公式サイト（http://s-touryumon.com/）をご覧下さい。

（平成25年5月現在）

深見東州（ふかみ とうしゅう）

本名、半田晴久。別名、戸渡阿見《ととあみ》。1951年生まれ。同志社大学経済学部卒。武蔵野音楽大学特修科（マスタークラス）声楽専攻卒業。西オーストラリア州立エディスコーエン大学芸術学部大学院修了。創造芸術学修士（MA）。中国国立清華大学美術学院美術学学科博士課程修了。文学博士（Ph.D）。中国国立浙江大学大学院中文学部博士課程修了。文学博士（Ph.D）。カンボジア大学総長、政治学部教授。東南アジアテレビ局解説委員長、東南アジア英字新聞論説委員長。中国国立浙江工商大学日本文化研究所教授。有明教育芸術短期大学教授（声楽科）。ジュリアード音楽院名誉人文学博士、オックスフォード大学名誉フェローなど。カンボジア王国政府顧問（閣僚級、大臣待遇）、ならびに首相顧問。在福岡カンボジア王国名誉領事。アジア・エコノミック・フォーラム ファウンダー（創始者）、チェアマン。オペラ・オーストラリア名誉総裁。世界宗教対話開発協会（WFDD）理事、アジア宗教対話開発協会（AFDD）会長。

中国国家一級声楽家、中国国家一級美術師、中国国家二級京劇俳優に認定。宝生流能楽師。社団法人能楽協会会員。IFAC・宝生東州会会主。「東京大薪能」主催者代表。戸渡《とと》阿見《あみ》オペラ団主宰。劇団・東州主宰。その他、茶道師範、華道師範、書道教授者。高校生国際美術展実行委員長。現代日本書家協会顧問。社団法人日本デザイン文化協会評議員。社団法人日本ペンクラブ会員。現代俳句協会会員。

カンボジア王国国王より、コマンドール友好勲章、ならび

パリ・コレクション

平成二十五年九月十四日　初版第一刷発行

著　者　ピエール・ブツダン
発行人　本郷健太
発行所　株式会社　たちばな出版
〒167-0053
東京都杉並区西荻南二丁目二〇番九号
たちばな出版ビル
電話　〇三-五九四一-二三四一（代）
FAX　〇三-五九四一-二三四八
ホームページ　http://www.tachibana-inc.co.jp/

印刷・製本　萩原印刷株式会社

ISBN978-4-8133-2485-0

◎ 新発売 ◎

たちばな新書　何かが起きたと、あの世でもこの世でも話題騒然！

★名著復刻シリーズ★

万能の天才深見東州が、七色の名前で著した
待望の名著シリーズがついに登場。

◆人間は死ぬとどうなるのかを、詳しく伝授。

吾輩は霊である

夏目そうしき（又の名を深見東州）

この世とあの世を自由に行き来する吾輩が、天国と地獄、霊界の実相をすべて明かす。

定価850円

◆あなたの知らない、本当の幸福を伝授。

それからどうした

夏目そうしき（又の名を深見東州）

善と悪、親と子、愛と憎しみに苦しむあなたに贈る、幸せの大法則。世界一幸せになる。

定価850円

◆金しばりを解く方法を詳しく伝授します。

金しばりよこんにちわ

フランソワーズ・ヒガン（又の名を深見東州）

金しばりの原因がわかれば、もう怖くない。乗り越えれば幸せが待っている。

定価850円

◆悪霊を祓う方法を詳しく伝授。
自分でできる悪霊退散の極意とは。

悪霊おだまり！

美川献花（又の名を深見東州）

悪霊にまけちゃだめ！　悪霊の手口を知って、悪霊を追い払う極意がすべてわかる。

定価850円

◆フランスと関係ない恋愛論を詳しく伝授。

パリ・コレクション

ピエール・ブッダン（又の名を深見東州）

恋はこんなに素敵なもの、モテなかったあなたが、恋愛も結婚も自由自在に。

定価850円

◆あなたの悩みを一刀両断に断ち切る！

解決策

三休禅師（又の名を深見東州）

一休禅師の三倍面白い三休禅師の、胸のすく答え満載。瞬間に悩みが消える。

定価850円

〈名著復刻シリーズ・近刊予定〉

◆果たして、死ぬ十五分前にこの本が読めるかどうか…。

〈カラー版〉

死ぬ十五分前に読む本

深見東州

死の不安が消えて安らかに眠れる、大往生の名言集。これを読まずに死ねるか！

予価1200円

深見東州　ベストセラーシリーズ

●劇的に人生を切り開く法
自分を変えれば未来が変わる

観念を破って、自分を変える効果的方法が明かされる。

定価1050円

●ドンドン若返るこんな素敵な生き方があった！
五十すぎたら読む本

今解き明かされる若さと老いの秘密。心も魂も若返る奇跡の本！

定価1050円

●母親としての最高の生き方がわかる
こどもを持ったら読む本

母親の立場、妻としての立場、そして女性としての幸せな生き方がこの一冊でわかる！

定価1050円

●幸運を呼ぶ驚くばかりの秘伝満載
宇宙からの強運

幸運な自分に変えられる方法を明かした、開運書の決定版！

定価1050円

●とにかく運がよくなる、奇跡の本
どこまでも強運

恋も仕事もスイスイうまくいく大開運法を公開。どこまでも強運になる神符付き。

定価1050円

●瞬間に悩みが消える本

解決策

乗り越えられなかったあなたの悩み事を、神道禅が一刀両断に断ち切る！

定価1050円

●あなたは常に守られている！

背後霊入門

背後霊のことから霊界知識までもが満載の充実の一冊。

定価1050円

●「週刊ポスト」「女性セブン」で連載された3分で心が晴れる本

3分で心が晴れる本

恋愛、結婚、仕事、人間関係…あらゆる解決の糸口がここに！

定価1050円

●どうしたら幸せになるのか？

あなたのしらない幸福論

善と悪、親と子、愛と憎しみなどさまざまな角度から人生が見えてくる一冊。

定価1050円

●パワースポットの元祖で大御所の深見東州が贈る

全国の開運神社案内［並装版］

ここに参拝すれば間違いなし！　強力なご神徳を授かるパワースポットを日本全国から厳選！
特別付録「著者のＣＤ」付き!!

定価1890円

たちばな　ビジネスコレクション　深見東州 著

●史上最強の経営論
絶対成功する経営
絶対に倒産しない、必ず利益が上がるという理論と実践ノウハウがあった！　定価１３６５円

●実体験成功経営術
本当に儲かる会社にする本
今まで誰も解かなかった経営の真髄を公開した、唯一無二の経営指南書。　定価１３６５円

●成功する会社、失敗する会社を見事に解明
これがわかれば会社は儲かり続ける
倒産知らずの実践的経営法を、余すところなく大公開。会社の運気が根本から変わる。　定価１３６５円

●世界経済のトップに返り咲くその鍵を解く
「日本型」経営で大発展
世界が注目する日本発展の秘密を、神道思想により分析。日本経済の再生を計る。　定価１３６５円

●この本を半分まで読んだ人はすでに売上げが上がっている

ビジネス成功極意

いかなる人にもわかりやすく成功極意を明かす、ビジネスマン待望の書。

定価1365円

●大物経営者は皆信仰を持っていた

成功経営の秘訣

これこそ繁栄の経営法則！ビジネスと神力の関係を具体的に解明。

定価1365円

●仕事ができ、才能を生かすノウハウが満載！

超一流のサラリーマン・OLになれる本

こんなサラリーマン・OLなら、是非うちの会社に欲しい！

定価1365円

●ビジネス成功の鍵はコレだ！

経営と未来予知

予知力を磨けば、どんな状況におかれても成功する。その秘訣とは。

定価1365円

●今まで誰も知らなかった、経営の極意が満載！

中小企業の経営の極意

中小企業の経営を次々に成功させた著者が、その豊富な経験をもとに、厳しい時代を生き抜く成功経営の極意を明かす！

定価1365円